目　录

● **特稿**

关于湖北省县域政务新媒介参与社会治理的趋势、困难与提升对策
………………………………………………………… 李小芳　吴文越（3）
民族地区县级融媒体中心铸牢中华民族共同体意识的路径探析 … 吴占勇（13）

● **县级融媒实践**

走群众路线　书写建强县级融媒体中心的锦绣文章
　　——湖北省赤壁市融媒体中心试点建设给出的思考 ………… 马春霞（25）
基于用户思维下的县级融媒体中心建设的路径选择
　　——以竹山县融媒体中心建设为例 ………………………… 韩　勇（31）
县级媒体融合如何走深走实
　　——房县融媒体中心融合发展的实践探索 ………… 陈　勇　田兰兰（40）
融媒时代县级媒体转型的"深融合"路径探索与实践
　　——以湖北省公安县融媒体中心为例 …… 王　俊　张　洁　冉　迪（48）
做强本土传播　做优群众服务
　　——以随县为例浅议县级融媒体中心建设 ………… 雷少军　高　峰（56）
多维出击　精准发力
　　——南漳县融建设赢在起跑线路径解析 … 赵　晨　张　季　莫小林（64）
县级融媒体中心的破圈突围路径探析
　　——以红安县融媒体中心转型发展为例 …………… 黄发成　蔡　威（71）

融合·融和·融活
　　——以广水融媒为例浅谈对"推进媒体深度融合"的探索
　　……………………………………………………… 李　源　雷少军（82）
练好内功"五个拼"驱动融媒高发展
　　——探索武汉市硚口区融媒体建设新路径 ……………… 张　昆（94）
乡村振兴视域下的融媒体直播带货路径探索
　　——以钟祥市融媒体中心为例 ……… 朱　莹　王子同　宋　扬（104）

● 学界融媒观察

媒介认同论视角下湖北省县级融媒体中心内容生产的
　　"深度融合"问题研究 ………………………………… 邓翠平（115）
浅析县级融媒体中心融合新闻产品交互设置的具体方法 ……… 杨慧霞（125）
虚拟仿真实验在地方高校与县级融媒体中心协同赋能中的
　　价值研究 ……………………………………………… 赵　倩（133）
县级融媒体建设背景下地方高校创新型传媒人才培养路径研究 … 杨郡媚（140）
地方新闻传播院校服务于县级融媒体发展研究
　　——以湖北省新闻传播院校及县融媒体中心为例 …… 杨开源（147）
地方高校新闻专业与区域融媒体协同育人的实践路径探析 …… 姜娜敏（153）
多维度柔性引进人才　疏解县融发展痛点的路径解析 ……… 岑赤民（159）

● 数说县域融媒体（2018—2022）

2022年度湖北省县域政务融合传播指数分析报告 ………………………（165）
2021年度湖北省县域政务融合传播指数分析报告 ………………………（183）
2020年度湖北省县域政务融合传播指数分析报告 ………………………（205）
2019年度湖北省县域政务融合传播指数分析报告 ………………………（223）
2018年度湖北省县域政务融合传播指数分析报告 ………………………（241）

特 稿

关于湖北省县域政务新媒介参与社会治理的趋势、困难与提升对策

李小芳　吴文越

党中央关于"要扎实抓好县级融媒体中心建设,更好引导群众、服务群众"等一系列顶层设计,明确将融媒体中心作为基层治理实践的重要"抓手"。在技术和行政的双重力量推动下,重构后的县级融媒体中心在政务宣传、民意收集和社会服务等方面的能力得到激活和升级。以融媒体中心为主阵地的县域政务媒介矩阵成为基层社会治理实践中不可或缺的平台。

县域政务媒介如何在社会基层治理中发挥作用?其运行逻辑和实践路径是怎样的?本文拟在媒介化理论的观照下,结合长江云新媒体集团持续五年发布的湖北省县域政务融合传播指数,客观评估县域政务媒介矩阵在基层社会治理中的实践效果与价值,以期为县域政务媒介更好参与基层社会治理提供优化路径。

一、媒介参与社会治理的演进与嬗变

媒介始终在社会治理过程中扮演着重要角色。全球治理委员会在1995年出版的《我们的全球伙伴关系》报告中提到,治理的基础"不是控制,而是协调",以及"持续的互动"。而传媒天然包含了"社会协调"的功能,可以把政府、政党、民众、社会组织置于同一界面,每一种治理主体都尽可能地使用媒介,共同参与社会管理。[①]爱尔兰学者肖恩(Seán Siochrú)和布鲁斯·吉拉德(Bruce Girard)在2002年出版的《全球媒介治理引论》一书中最早提出"媒

---

① 沙垚,许楠.融合人民:县级媒体融合与基层协同治理[J].新闻与写作,2021(5).

治理"的概念。① 当代社会治理领域权威学者丹尼尔·考夫曼在2006年出版的《媒介、治理与发展，挑战传统批判的视角》一书中认为，"随着高度分化的社会及子系统的出现，社会网络联系与作用的复杂性也大大增加……媒介作为社会的中介系统，是社会由权威控制转向多元治理的核心协调力量"②。

20世纪50年代，农村广播作为当时的"新媒介"，除了介入农村生产生活，更为乡村各主体提供媒介化平台，这种社会结构层面的嵌入与运作构成了农民和政府之间的深层互动。③ 1983年"四级办台办报"方针出台，县域的报纸、广播和电视等媒介成为国家推进省、市、县、乡、村政务信息与服务五级覆盖的关键点，扮演着传播者、引导者、服务者、协调者等多重角色，促进基层社会治理机制良性运行。

随着信息技术的发展，互联网作为技术手段、行事逻辑和社会关联的形态，渗入社会生活的方方面面，极大地拓展了媒介介入社会治理的维度。北京大学学者王维佳提出"媒体化政治"这一概念，来表现媒介逻辑对现代社会治理的干预和影响，他认为，近十年来，各级政府部门日常业务中日益强调公共关系和媒体的作用，"媒体化政治"随着网络媒体的崛起进一步深化。龙小农、陈林茜认为，"以新闻传播为核心的社会信息传播体系与以政务信息传播为核心的国家与社会治理体系趋于一体同构，治理即传播、传播即治理已成为必然"④，整个社会呈现出显著的媒介化特征。

作为社会治理的重要主体，政府部门运用网络媒介进行政务公开、政民互动以及舆论引导的治理实践逐渐得到普及。2018年"建设县级融媒体中心、打通社会治理'最后一公里'"，"努力把县级融媒体中心建成主流舆论阵地、综合

---

① 郑恩，杨菁雅. 媒介治理：作为善治的传播研究 [J]. 国际新闻界，2012，34（4）.
② Kaufmann, D. Media, Governance and Development, Challenging Convention: An Empirical Perspective [M]. The World Bank Institute, 2006.
③ 沙垚，张思宇. 作为"新媒体"的农村广播：社会治理与群众路线 [J]. 国际新闻界，2021，43（1）.
④ 龙小农，陈林茜. 论信息传播体系与国家治理体系的一体同构性——基于媒介与社会互构的视角 [J]. 新闻与写作，2021（12）.

服务平台和社区信息枢纽"的功能定位,① 更是明确了媒介参与基层社会治理的实践路径,也催生了基层政府运用媒介进行社会治理实践的本地化探索。

不少学者也将县级融媒体中心作为观察对象,对其建设情况以及在社会基层治理过程中发挥的作用进行研究。例如,熊茵、刘丹认为"县级融媒体中心通过'媒体化'手段的功能实现社会引导、社会服务和激发社会活力"②,邹阳阳、严三九认为,县级融媒体通过"平台化嵌入""情感化联结"和"在地化转译"三个实践面向参与基层社会治理,③ 等等。也有学者从传播力维度对政务类新媒体进行量化研究,如杨长春、王睿的《基于H指数的政务微博影响力研究》,赵阿敏、曹桂全的《政务微博影响力评价与比较实证研究——基于因子分析和聚类分析》,李文健、张淇鑫的《公安类政务微信信息采编和传播实证分析——以微信号"平安天津"和"天津交警"为例》等。但当前,将以融媒体中心为主阵地的县域政务媒介矩阵视为社会治理的参与主体所进行的研究,或是样本量偏少的个案性研究,④ 或是用民族志、深度访谈等进行的定性研究。⑤ 而长江云大数据中心在2018—2022年持续5年的时间内,以湖北省下辖的103个县(市、区),包括4个省直辖县级行政单位(仙桃市、天门市、潜江市、神农架林区)的官方政府网站、官方政务客户端和在微信、微博、抖音等商业平台上的官方账号,以及报纸、广播、电视等机构媒介在网络平台对于该地区的报道数据进行全样本采集,突出社会治理质效导向设计评价指数模型,对湖北全省区县级政府政务新媒体的矩阵建设、传播效能、社会服务能力和用户反馈等方面进行考察,从而较客观地评估政务融合传播体系在基层社会治理中的实践价值。

---

① 县级融媒体中心建设全面启动 [EB/OL]. 中华人民共和国国家互联网信息办公室, https://www.cac.gov.cn/2018-09/21/c_1123466415.htm, 2018-09-21.
② 熊茵,刘丹. 县级融媒体中心社会治理功能及"媒介化"实现路径 [J]. 中国出版, 2020 (18).
③ 邹阳阳,严三九. 县级融媒体参与社会治理的政策逻辑与实践面向 [J]. 电视研究, 2022 (7):32-35.
④ 华梦娜. 陕西省县级融媒体中心建设的现状、问题与对策研究 [D]. 西安:西北大学, 2020.
⑤ 向磊. 县域融媒体中心影响力研究 [D]. 恩施:湖北民族大学, 2020.

二、湖北省县域政务媒介参与社会治理的趋势与特征

纵观2018—2022年的数据发现,湖北县域政务传播呈现出明显的融合趋势,并深刻改变着基层政府的工作格局。依托互联网对于传播渠道的开放,基层政府部门从幕后走到前台,成为政务信息发布者,政务公开的能力得以提升;互联网、大数据等技术的发展和运用,进一步模糊了信息和服务的功能界限,"新闻+政务+服务"相交融的媒介化治理平台逐渐形成;政府和民众的沟通机制在互联网上得以重建,公共舆论场域的活力得到释放,新的社会治理格局逐步形成。

(一)阵地建设加速推进,全媒介传播成为常态

1. 矩阵建设加速推动,信息公开的全媒介格局初步形成

自20世纪80年代末起,全国基层行政管理部门开始推行"两公开一监督",政府也出台了系列针对政务公开的指导意见,中共中央办公厅、国务院办公厅于2016年公布的《关于全面推进政务公开工作的意见》更是将政务公开与保障民众知情权、增强政府公信力相关联,上升到政府治理能力的制度安排上来。从长江云大数据中心的县域政务融合传播指数来看,湖北省范围内的县域政务融合传播力和影响力的提升于2019年初见成效,长江云平台的"云上"系列客户端逐渐成为不少县(市、区)政务传播的主平台、主渠道。分析其原因,是2018年9月中宣部启动的全国县级融媒体中心建设起到了积极推动作用。指数显示,湖北省赤壁市、宜都市、保康县、鹤峰县入选全国第一批试点建设单位,与竹山县、大冶市、房县、秭归县4个省级试点建设单位在2019年度湖北省县域融合指数总榜均位列全省前30。此8个试点县(市、区)按照"台+网+微+端"的基本构架,整合县广播电视台、县党委政府开办的网站、内部报刊、客户端、微信微博等所有县域新闻机构和传播终端,率先形成以县级融媒体中心为主力军的基层政务融合传播格局。数据显示,截至2022年,全省85%的县(市、区)均已建成"网站+客户端+微博+微信+抖音"的政务融合传播矩阵,全媒介传播格局初步形成。

2. 机构重组带来的资源优化，带动生产力的全面提升

从信息公开情况来看，微博方面，2022年总发文数达98.4万，较2018年度增长126%，总粉丝数超1059万，较2018年度增长185%；单个政务微博号平均年更1493条，运营天数超过300天的政务微博号有45个，占总账号数的7%。微信方面，总发文数达62.5万，平均每个政务微信号年更新356条，较2018年度增长30%，全年总阅读数超4.2亿人次，较2018年度增长27%，有139个微信公众号运营天数超过300天，占总账号数的8%。同时，全省县（市、区）关停了政务"双微""僵尸"账号，逐渐告别"只建不管"的粗放式运营模式。微博方面，2022年，湖北省县（市、区）级正常运营的政务微博号共596个，较2018年减少22.1%；微信方面，2022年正常运营的微信公众号共1703个，较2018年度减少27.7%。2023年12月，中央网络安全和信息化委员会印发的《关于防治"指尖上的形式主义"的若干意见》引发全国多地一批发布质量低、传播力弱的基层微信、微博官方号停止更新并启动注销程序，政务传播矩阵从"数量型"向"质量型"转变的趋势逐步形成。

（二）注重信息质量提升，舆论影响力明显增强

1. 内容本土化、表达网络化成为政务传播新语态

现如今，"你说我听"的传统政治传播模式已不再适应互联网的参与性传播需求。为增强政务信息的舆论影响力，政务传播语态的转变随之发生。对湖北省县（市、区）政务传播的内容文本进行分析发现，内容本土化、视角百姓化、表达网络化成为不少区县政务新媒体在内容生产与传播创新上的共同选择。

执法部门多以普法教育为创新突破口，通过本土化内容创作来增强用户的亲近感，以网络化表达来建立亲民形象，从而提升自身内容在网络舆论场的传播引导力。如汉南区城管官方抖音号"车谷城管"于2022年发布了"文明执法"系列短视频，主要展示本区城管工作人员的日常执法场景，每条视频都附上"人间温暖""社会百态""生活不会辜负每一个努力的人""热爱工作热爱生活"等高度贴合网民心理的"高热"文案，既获得了平台的流量推荐，又赢得了用户好

感，视频发布后累计获赞超千亿次；2021年，英山县公安局巡特警大队官方抖音号发布的短视频中，警官自编自演的酒吧最新诈骗套路，以最接地气的方式演绎进行普法，点赞量近140万次，成为普法宣传创新的成功之作。

2. 用户的正向反馈带来政务传播的良性循环

从数据上看，2018—2022年，湖北省县（市、区）级政务传播内容的原创数量和占比均呈持续上升态势：2019年相较2018年增长了16.4%，2020年较2019年增长了11.43%，2021年较2020年增长20.8%，2022年较2021年增幅超过2000%。原创内容也得到了用户的正向反馈，爆款数量呈现明显增长。2022年，103个县（市、区）的政务微信贡献了"10万+爆款"作品265篇，比2021年同期增加219.2%；政务微博、抖音产出点赞"1万+"作品1154篇，比上一年同期增加26.5%。从单纯追求数量向更加注重质量转变，县域政务新媒介通过权威发布、用户视角与多样化呈现提升政务内容的生产力与传播力。2022年，91个县（市、区）通过政务融合传播矩阵及时回应民众关切，"蕲春县疾控中心"230篇报道累计获得点赞与跟评50万人次。创新的原创内容获得了用户的认可，让政务内容的生产与传播呈现出良性循环的态势。

（三）以服务带动引导　社会共识在政民互动中形成

1. 从权威发布到抗疫动员，"战"疫合力在风险治理中形成

德国社会学家、哲学家乌尔里希·贝克认为，大众传播媒介在风险社会的治理中扮演着重要的角色，媒介化成为风险社会治理的重要路径。面对新冠疫情等社会公共卫生事件，县域政务新媒体通过政策、举措的权威发布，榜样与典型的塑造，凝聚社会各界，并与行政、法律等手段形成强大的社会动员合力，从而彰显其在风险社会治理"最后一公里"的价值与能力。作为基层政务传播的主力军，钟祥市、鹤峰县、赤壁市等全省30个区县融媒体中心在疫情期间，均结合各地抗疫工作，制作战"疫"主题系列短视频并通过网络渠道发布。如，赤壁市融媒体中心推出的抖音短视频作品《寒夜里　值勤交警"小碎步"取暖》点击量1541.9万、点赞125.9万，秭归县融媒体中心《杨林桥响水洞村书记硬核导

语》短视频播放量达 352 万等。

省市县三级联动，平台化传播合力得以彰显。作为省级技术支撑平台，长江云平台通过"云稿库"和"中央厨房"，实现对全省新闻资源的内容共享与集中加工；通过共享的"湖北频道"，实现重要信息的一键推送和置顶；依照中央"一省帮一市"的战略部署，联动全国 30 个省区市、254 个媒体端口，组成 14 对"战疫报道 CP"，策划推出《共同"面"对，为湖北加油!》《"搭把手　拉一把"公益行动》等一系列主题报道形成传播合力，凝聚全社会抗疫共识。此外，充分发挥省市县三级平台的后台互通作用，对民情民意进行及时搜集和分析以降低决策风险，及时预警风险和及时辟谣以降低风险治理成本，给群众提供生活、就医等信息共享和线上服务，都对非常时期社会共识和集体行动的形成起到了关键作用。

2. 从政策宣传到政务服务，社会共识在政民互动中凝聚

搭建群众参政议政平台，激活多方力量参与社会治理。湖北省县域政务融合传播 5 年指数显示，自 2018 年起，湖北省各（区）县依托本（区）县融媒体中心运营的长江云"云上"系列客户端或其他平台账号，开通"云上问政平台"，来激活群众参政议政的积极性。如赤壁融媒体中心充分运用"云上赤壁"网络问政栏目，通过网民"下单"发布诉求、平台"派单"、职能部门"接单"、纪委监委跟进"督单"这一系列工作流程增加问题整改的透明度，提升为群众解决问题的满意度。竹山县将包括 72 个县直单位、17 个乡镇、40 个行政审批服务窗口在内的 129 个单位纳入"云上竹山"客户端的"网上问政"考评单位，各单位均建立了"网络发言人"制度来及时回应群众诉求。通过群众参政议政网络平台的搭建，畅通民意表达渠道，吸纳更多社会力量融入基层社会治理体系，彰显"政府管理"向"社会治理"执政理念的转变。

拓展服务边界，以服务促进社会共识的形成。"主流舆论阵地、综合服务平台和社区信息枢纽"是县级融媒体中心的功能定位，同样是基层政务新媒体增强自身影响力和引导力的实践路径。目前，各县（市、区）自主客户端建设网上"政务大厅"或者接入民生服务平台，通过政务服务来增强与用户的连接。长江云新媒体集团依托县级融媒体中心的省级技术底座，开发了一系列服务社会治理

的技术系统：为提升基层的志愿组织服务能力，开发了贯通省、市、县、乡、村五级的"新时代文明实践管理体系"，提供集线上接单、线下服务、群众评价等志愿服务全流程的技术平台支撑，该系统汇聚志愿组织3.2万个、志愿活动29万余次，注册志愿者300万，总服务时长达1121万小时；为让基层群众主动参与人居环境、乡风建设等方面的工作，开发"共同缔造村民积分制系统"并上线网上议事板块"吊脚楼说事堂"，提高村级议事的透明度和及时性，有效解决农村地区因居住分散、外出务工等多重因素导致的组织难、决策难等问题。此外，在秭归县，"数字乡村林长"智能化管理系统、"才秭驿站"平台也在逐步上线。这些垂直化管理系统依托省级县融技术支撑平台打通县域范围内不同管理层级、不同职能部门、内部平台与外部平台等，实现数据后台打通，有利于提升基层治理效能。

三、湖北省县域政务媒介参与社会治理的优化空间与路径

凝聚社会共识是政治传播的终极目标。随着互联网逐渐成为社会基础设施，以自主可控平台为核心的基层政务传播矩阵也成为互联网时代构建政治信任的重要手段。面对人民群众对数字生活和公共服务需求日益多样化、社会矛盾复杂多变、意识形态阵地面临的风险挑战，基层政府要充分利用媒体融合手段，创新社会基层治理方式，以服务群众来影响群众，从而提升政务传播的引导力。

（一）加强政务传播的内容建设，进一步增强其在舆论场的影响力

总体来看，在技术和行政的双重推动下，基层政务传播渠道通过互联网得以重构，传播能力得到明显提升，但同样存在生产能力不足、表现形式单一、矩阵影响力不够，创新运用互联网的相关激励和内生动力不够等问题。加之抖音、快手等商业互联网平台在广大三四线城市和乡村相当程度的"垄断"地位，当前县域政务信息传播力和影响力不足，"引导群众"的效果"打折扣"的情况也真实存在。

加强内容建设，仅仅在有限的传统渠道上"整合"与叠加意义甚小。① 要增强政治传播的引导力，必须以融合的逻辑为基点来重构政务信息的生产和分发，重构与公众的关系，通过高质量的信息在多重引导中来实现有效的政治传播。另外，还需要完善政务公开相关法律法规，强化基层政府的公开意识和公开能力，同时加大政策支持和资源投入，加强队伍建设和人才培养，集中解决薪酬、绩效、编制、职称等机制上的掣肘，为政务融合传播体系赋能基层治理提供制度支持和人才保障。

（二）拓展服务功能，加强数据共享，建强自主可控平台

相较于商业平台，自主可控平台在了解民情、征集民意、接受群众监督等方面发挥了积极作用，也为传播可控和数据安全提供了技术保障。指数分析报告显示，部分县（市、区）政务服务平台存在线上信息发布更新不及时、业务办理功能不完善等问题，部分县级融媒体中心与政务平台存在"平台不互通、数据不共享"等现象。

建议基层政务传播以自主可控的平台为矩阵核心，遵循"以服务促引导"的原则，积极推动解决核心数据共享、流量入口共建、政务资源共用等问题，赋能自有平台的建设和运营，提升自有平台在互联网生态中的影响力，进而构建起省市县三级互联互通、资源共建共享、舆论可控可管的全省一体化融合传播体系，形成政务传播、舆论引导和服务群众的强大合力。

（三）畅通社情民意，增强政民互动，用强大合力凝聚社会共识

与传统媒体相比，新媒体更好地实现了政民的实时互动，是倾听群众呼声、畅通社情民意、凝聚民心的重要载体，但参与主体的多元化对舆论引导、凝聚社会共识也提出了挑战。湖北省县域政务融合传播指数显示，县（市、区）政务新媒体有效互动少的现象并不少见。其中，绝大多数自主客户端未开通评论功能，部分官方微信和微博账号亦存在与公众互动少或不回应公众关切等问题。

---

① 喻国明. 今天的媒介融合应当怎么做——从互联网时代的常识到新传播格局的大势[J]. 教育传媒研究，2019（4）.

建议充分发挥政务媒体矩阵在政府决策和社会治理中的"桥梁纽带"作用，健全党群互动、政民互动的常态化机制，围绕民生热点、民意诉求、政策落地等开通线上反馈窗口，并确保群众"急难愁盼"的问题及时受理、及时解决、及时回应，提升党委政府决策的精准度、操作性和群众参与基层治理的满意度、获得感，以更好地凝聚社会共识，增强基层治理效能。

作者及所属单位：
李小芳　湖北广播电视台总编室副主任
吴文越　湖北长江云新媒体集团大数据中心分析报告组主管

民族地区县级融媒体中心铸牢中华民族共同体意识的路径探析

吴占勇

2023年10月,习近平总书记在中共中央政治局第九次集体学习时强调,"准确把握党的民族工作新的阶段性特征,把铸牢中华民族共同体意识作为党的民族工作和民族地区各项工作的主线","要讲好中华民族故事,大力宣介中华民族共同体意识"。[①] 铸牢中华民族共同体意识是系统化工程,不仅需要思想精神层面的价值凝聚,也需要在各族人民共同发展进步中为共同体意识提供现实基础。定位为"引导群众、服务群众"的县级融媒体中心,在思想引领和社会发展两个层面实现功能聚合,能够为铸牢中华民族共同体意识提供有力支撑。

截至2022年8月,全国共有2585个县级融媒体中心建成运行。[②] 在广大民族地区基层县域,县级融媒体中心打通了思想宣传领域的"最后一公里",是国家治理体系现代化的"毛细血管网络"。民族地区从自然地域到文化环境皆具有特殊性,其宣传思想文化建设和社会发展面临复杂生态,而这也决定了民族地区县级融媒体中心承担着更加特殊的使命。当前,学界主要关注县级融媒体中心建设的现状、模式与路径,以及从社会治理、乡村振兴等视角考察县级融媒体中心如何嵌入社会发展,但对民族地区的县级融媒体中心如何服务于铸牢中华民族共同体意识这一主线,仍缺乏深入探讨。基于上述背景,本文首先探索民族地区县

---

① 习近平在中共中央政治局第九次集体学习时强调:铸牢中华民族共同体意识 推进新时代党的民族工作高质量发展 [EB/OL]. 中国政府网,https://www.gov.cn/yaowen/liebiao/202310/content_6912492.htm,2023-10-28.

② 黄晓新,刘建华,郝天韵. 全国县级融媒体中心能力建设研究报告 [J]. 传媒,2023(6)(下).

级融媒体中心与主线工作的嵌合逻辑,以此为县级融媒体开展铸牢中华民族共同体意识工作提供学理支撑;其次结合民族地区特有区情、县情,分析民族地区县级融媒体铸牢中华民族共同体意识的实践路径,以期为县级融媒体中心发展建设提供现实参考。

一、县级融媒体与铸牢中华民族共同体意识的嵌合逻辑

中华民族共同体意识是中华人民共和国国民在体认彼此生存发展的共性条件与历史基础上,秉持共善价值规范与能动维护意愿的复兴凝聚心态。① 中华民族共同体意识是一种精神活动,一种思想认知结果,该意识的形成既来源于对共享精神价值的接纳与内化,也来源于各民族共享社会发展成果带来的现实保障。民族地区县级融媒体是培养县域人民共同体意识不可替代的行动者,网络的连接属性使融媒体机构具备资源联通与资本转化能力,能从多个层面助力民族地区社会发展。

(一) 多模态文本凝合基层社会共同意志

县级融媒体中心是基层社会主流舆论阵地,也是民族地区铸牢中华民族共同体意识工作的重要实施主体。意识的形成有赖于现实生活中的物质实践,共同体意识则是在共同聚合关系及共性生存条件的基础上形成的共惠价值及凝聚意愿。从整体上看,中华民族共同体是中国疆域内各族人民长期交往融合形成的关系实体;但具体到基层县域,个体居民难以对中华民族悠久历史形成直接的经验性感知,因此大众传播媒体对共同体意识的宣介与凝合显得尤为重要。

民族地区文化传统和风俗习惯多种多样,在直观的传播文本层面,表现为民族语言与国家通用语言的共同使用。在部分民族地区,民族语言的使用率远远高于国家通用语言,双语传播成为民族地区县级融媒体中心必须开展的个性化工作,由此形成语言层面的多模态传播。国家政策和社会发展成果必须用民族地区群众看得

---

① 青觉,徐欣顺.中华民族共同体意识:概念内涵、要素分析与实践逻辑[J].民族研究,2018(6).

清、听得懂的方式推广，民族语言与国家通用语言的互译是其中要义之一。与此同时，融媒体中心能够生产文字、图片、视频、动画、虚拟现实等多模态文本，这些生动多样的文本形式将抽象内容具体化、复杂内容条理化，更容易吸引受众观看。

由此可见，铸牢中华民族共同体意识是对全体国民所持有的价值信念的明示与运用，它建立在社会共识、历史共识和价值共识之上，而这些共识需要可靠的经验供给和知识萃取加以形塑，媒介的引导和传播在此过程中发挥着重要作用。县级融媒体是"本地人的媒体"，其报道内容和整体运作植根于本地历史文化与现实发展，与本地人具有天然的心理接近性，更能以个性化传播方式凝合基层社会共同意志。

（二）地方叙事呈现民族交往交流交融实践

在世界文明发展史上，中华文明是唯一未曾中断的文明，这得益于我国各民族长期的交流、交往与交融。各民族优秀文化传统和思想价值，以及政治制度、经济体系、风俗习惯等在长期互鉴中各取所长、融合发展，形成绚丽多姿的中华文明。中华民族共同体意识的前提，是各民族之间的相互信任与彼此认同；民族间交流交往交融的生动历史，持续塑造着彼此的信任与认同。

民族地区不仅是各个民族的聚居地，也是民族间互通互融实践的生发场域，具有丰富的民族交流交往交融故事。中华民族共同体意识不是一种宏观想象，而是在具体的、可感可知的生活实践中不断强化的思想信念。从生活实践升华为共同信念，既体现了个体维度向集体维度的跃升，也体现了历史维度向现实维度的演进，需要记录者、提炼者和传播者在不同维度间架设桥梁，而这恰恰应是民族地区县级融媒体中心的优势所在。

县级融媒体中心扎根于县域基层，也扎根于县域历史。与中央及省市级主流媒体相比，县级融媒体中心的内容优势在于丰富而独特的地方性故事，尤其是发生在县域之内的民族交往交流交融实践，它们是县域居民生发身份归属与集体记忆的重要依托。讲好历史和当今的民族交往交流交融故事，就是讲好中华民族共同体的故事。县级融媒体中心通过多样化内容生产，能够对历史典籍和学术文献中的共同体故事进行活化呈现，能够反映各民族在经济、文化、制度等多层面的交织交融，进而推动各族人民以本地历史故事为切入点，了解中华民族形成史和发展史，为铸牢中华民族共同体意识持续提供内生动力。

（三）以助力民族地区发展增进团结与认同

中华民族共同体意识既是价值信念，又是行为意愿。牢固的中华民族共同体意识帮助全国各族人民树立中国式现代化建设的主人翁意识，使其主动投入推动社会发展进步事业。反之亦然，社会发展和各民族共同繁荣，为铸牢中华民族共同体意识提供外部动力。县级融媒体中心"引导群众、服务群众"的功能定位，分别对应着聚合思想价值和推动社会发展的核心意旨。当各民族群众的合理期许和现实关切得到满足时，无疑会为中华民族共同体意识的铸就打造更加坚实的基础。

县级融媒体中心集中运用现代传播科技，既是媒体内容生产和传播的平台，又是社会产品流动和营销的中介，同时还能嵌入各类社会机构的运行链条，重塑其运行机制。由此，县级融媒体能够在多个层面助力民族地区社会发展。在电子商务方面，融媒体中心能够联合当地相关部门和产品供应商，开展有组织的电商直播和助农带货，为当地电子商务发展提供技术或人才支持。在文旅融合方面，融媒体中心发挥内容生产优势，打造多样化的文旅短视频和在线活动等，引导网络用户从线上观看转为线下游览。在社会服务方面，融媒体中心嵌入当地智慧化服务体系，搭建行之有效的公共服务矩阵，助力各族人民共享国家发展成果。

从信息传播到资源整合再到协同发展，县级融媒体中心凭借其技术体系和业务能力的复合性，能够在多个维度参与民族地区的发展建设。与个人或企业的新媒体实践相比，县级融媒体中心的官方背景使其在内容生产和电商直播等活动中具有更为显著的社会公信力，这有利于聚合各方资源合力开展地区建设。中国式现代化的进程植根于每一个县域基层，推动民族地区发展，能够增进各族群众对社会主义道路的认同，从而强化各族群众的中华民族共同体意识。

二、县级融媒体铸牢中华民族共同体意识的实践路径

（一）话语互译与舆情监测并行，强化社会思想引领

县级融媒体中心是连接中央与地方、政府与民间的重要枢纽，切实发挥上传

下达作用,将党和国家的民族工作政策和社会发展措施高效传递给县域各族群众,使基层百姓在切实感受各民族共同繁荣现状的基础上,强化中华民族认同感,是县级融媒体必须发挥的基础功能。在这一过程中,融媒体中心需要切实做好话语互译工作。一方面,对国家和地方政府方针政策开展多种方式的宣传和解读工作,对抽象的、复杂的政策文件进行具体而生动的呈现,置于各民族群众的日常生活语境中进行解读。同时,结合本地发展实际开展主题报道,反映本地组织机构与各族人民对国家政策的响应与落地,助力县域群众共享国家发展建设成果。另一方面,加强对承载着中华民族共同体意识和主流价值观的汉语节目的翻译与推广工作,可由市级宣传、广电等部门牵头,整合本市民族语言的翻译、文化资源,有组织地推动市、县两级媒体互动,将优质影视内容精准推送至民族地区。此外,针对部分民族地区县级融媒体中心缺乏双语传播人才的问题,可采用AI语音和虚拟主播技术生成双语传播内容,通过新技术弥补现实短板。

在融媒体语境下,网络舆情是铸牢中华民族共同体意识的重要环节。网络信息鱼龙混杂,其中不乏利用民族因素混淆视听、颠倒黑白的不实言论,县级融媒体中心应与网信部门等合作,利用大数据技术和信息分析系统,敏锐识别和捕捉潜在舆情风险,及时干预、有效化解。对于媒体建设基础整体薄弱的民族地区,加强各个县级融媒体中心的互联互通,开展舆论引导中的信息协作。建立突发事件和突发舆情的应对工作机制,面对突发事件,第一时间回应、澄清,运用基层主流媒体公信力和权威性助力营造清朗健康的网络环境。

(二) 挖掘地方历史文化遗产,建设共有精神家园

在民族地区县级融媒体中心的内容生产层面,现有研究指出,中心存在重管理而轻生产的弊端,导致投入产出比并不理想。① 虽然技术、资金等因素一定程度上会给融媒体中心内容生产带来制约,但这并不意味着内容制作无法创新出优。恰恰相反,民族地区丰富的历史文化资源及其蕴含的精神传统,是当地融媒体中心内容生产的独特源泉。无论是形式多样的优秀传统文化,还是绵延生动的

---

① 吴锋,仲建琴. 边疆治理现代化视域下县级融媒体建设的"西藏样本"[J]. 西藏大学学报(社会科学版),2022(2).

本土历史故事，都能够展现中华民族灿烂文明发展的多彩图景。不同文化形式都内蕴着对真、善、美的追求，都有可供其他民族借鉴交流的合理因素。① 在这个层面上，挖掘地方历史文化遗产，对文化传统中的精神价值加以阐释和传播，将其融入中华民族共有精神家园的诠释和建设，能够实现内容生产与铸牢中华民族共同体意识的有效结合。

笔者通过对民族地区县级融媒体中心的走访调查发现，充分挖掘并运用地方历史文化遗产，能够为县级融媒体中心的生产和经营带来双重助益。例如，湖南省花垣县融媒体中心立足当地民族文化活动丰富的特点，对每年的赶秋节、龙舟赛、赶边边场等活动进行报道和直播，并通过做策划、拉赞助等方式实现营收。在呈现本土历史文化遗产的过程中，应注重对文化的知识性改造和传播，即不仅展现文化的形式和外在，还要运用多种手法向受众阐明其内涵，揭至本土文化承载的先人智慧和思想传统，并寻找传统文化价值与当下社会发展需求之间的契合点，在时代语境中对文化内涵进行创新性释义，发挥文化对人的精神整合作用。

（三）扎根基层百姓生活，讲好民族地区发展故事

在塑造中华民族认同过程中，群众是各类社会机构发挥作用的根源，扎根群众能够为中华民族共同体提供实践话语。② 中华民族形成和发展的历史，就是各族人民群众交往交流交融的历史，人民群众的生活实践既是国家发展建设的实践，也是当下铸牢中华民族共同体意识的动力源泉和根本保证。有学者对民族地区县级融媒体中心"两微一端"的发布内容进行研究发现，其内容仍以会议新闻、领导日常工作等为主，整体较为单一。③ 县级融媒体以"引导群众、服务群众"为中心，"群众"是其工作的根本落点，对群众生活的报道理应成为内容生产的重要一环。

---

① 宫丽. 铸牢中华民族共同体意识的文化路径 [J]. 中南民族大学学报（人文社会科学版），2019（7）.

② 王润泽，杜恺健."两个中心"建设与中华民族共同体意识建构——历史语境与现实意义 [J]. 民族学刊，2021（2）.

③ 刘彤，田崇军. 民族地区县级融媒体中心的融合困境与"在地化"突围——基于四川省民族地区县级融媒体中心实证考察 [J]. 传媒，2022（8）（下）.

如果说挖掘本土历史文化遗产是对先人思想智慧的传承，那么呈现基层百姓生活便是对当下各族群众实践智慧的提炼与弘扬。铸牢中华民族共同体意识，以各民族共同繁荣进步作为现实基础，民族地区基层百姓在国家大政方针指引下的生活实践，是各民族同发展共进步的生动写照。展现有泥土、有温度、有人情味的基层故事，用鲜活的奔向美好生活的案例感染、鼓舞群众，不仅对各族群众的生活实践具有示范作用，也能够用可感可见的案例强化人们对国家的认同和对中华民族的归属感。基层人物追求美好生活的真实故事，往往蕴含社会主义主流价值观；强化百姓生活报道，通过讲好民族地区发展故事，实现对各族人民群众的价值引导，是县级融媒体改进工作方法、提升价值引导力的重要支点。

（四）推进"两个中心"功能融合，拓展群众服务维度

"两个中心"即县级融媒体中心和新时代文明实践中心，是县域基层宣传思想工作的两大核心机构。2018年7月，中央全面深化改革委员会发布《关于建设新时代文明实践中心试点工作的指导意见》，提出以县、乡镇、村三级为单位，以志愿服务为基本形式，推动基层宣传思想文化工作和精神文明建设改革创新。2020年以来，"两个中心"逐渐打破各自为政的局面，实现业务和功能的融合、线上与线下的融合。县级融媒体中心能够借助新时代文明实践中心提升对乡镇和乡村的触达度，使思想宣传和社会服务工作进一步下沉；新时代文明实践中心能够借助融媒体中心的在线平台，精准连接用户与服务，提升中心工作的精准性和适配度。

从现实运作来看，不少地方已形成"网上下单，上门服务"的协作模式，有线下服务需求的百姓在网络平台下单，新时代文明实践中心的志愿者接单后上门提供服务。此举打通了线上线下服务渠道，拓展了县级机构服务基层百姓的维度与方式。"两个中心"功能融合，应发挥各自所长，准确把握各族群众的现实发展需求，突出民生导向，建立群众与县级政府机构顺畅的沟通和服务机制，满足各族群众个性化、多元化和多层级的需要。利用线上传播和线下县、乡、村三级覆盖相结合的优势，推动宣传工作和公共文化服务工作进街道、下社区，因地制宜打造基层特色宣传活动和服务活动。

（五）建立传播网络矩阵，以大众参与推进社会共治

发展传播学认为，媒介技术带来的新组织、新结构和新行为能够推动欠发达地区发展，其中，民众横向、民主和平等地利用媒介进行信息交流和公共参与的"参与式传播"，被视作包括乡村在内的基层社会发展的有效手段。[1] 有学者指出，县级融媒体中心对于基层社会的治理与重建，遵循的是"融合人民"的逻辑，即组织民众共同商议自己的事。[2] 民族地区县情、区情各具特点，各民族群众的发展需求也呈现个性化特征，依托融媒体技术组织动员民族县域群众对本地事务的讨论、参与和表达，特别是促进民间智慧和经验自下而上地传播，应成为民族地区县级融媒体中心的特色业务。民族地区群众参与本地事务的表达和传播，就是直接参与中华民族伟大复兴建设实践，无论是为县域事务建言献策、传播民族优秀传统文化，还是自发组织线上线下公共活动等，都能够在实践中强化中华民族共同体意识。

县级融媒体中心应注重搭建点面结合、纵深覆盖的网络传播矩阵。首先，与本地擅用新媒体的县乡贤士、网络红人等开展内容协作，运用民间话语做好对内思想宣传和对外文化传播工作。其次，与县域内机构媒体联动，形成本土传播网络，既包括政府部门、社会机构和公共机构的新媒体账号，也包括本土商业自媒体，多方合作，塑造健康通畅的信息生态。最后，与本土各类网络社区建立合作机制，激发基层民众在建言献策、公共活动、资源协调等方面的活力。县级融媒体中心本身承载着国家治理体系现代化的核心任务，为各族群众打造多元化网络参与渠道，以协同共治推动基层治理在稳步发展的基础上向"善治"目标迈进，由此助力铸牢中华民族共同体意识工作。

三、结　　语

中华民族不是"想象的共同体"，而是建立在全国各民族长期交往交流交融

---

[1] 张莉. 乡村治理创新实践中的参与式传播运用探析 [J]. 编辑之友，2020 (12).
[2] 沙垚，许楠. 融合人民：县级媒体融合与基层协同治理 [J]. 新闻与写作，2021 (5).

基础上可感可知可见的聚合关系实体。一方面，民族地区县级融媒体中心植根本土语境，能够在思想宣传方面依据本土特点因地制宜，运用多模态文本铸牢中华民族共同体意识。另一方面，县级融媒体连通国家现代化治理体系，是民族地区经济社会发展的重要推动力，这为中华民族共同体意识的强化提供现实保障。我们也应看到，民族地区县级融媒体中心的建设资源与东部发达地区不可比拟，不少融媒体中心面临资金、人才、技术等方面的制约。如何将有限资源充分用于铸牢中华民族共同体意识这一主线工作，如何塑造民族地区县级融媒体中心特色发展路径，如何更好地发挥县级融媒体中心在民族地区基层治理体系中的作用，均需在实践中进一步探索。

作者及所属单位：
吴占勇　中央民族大学新闻与传播学院副教授、研究生导师

县级融媒实践

走群众路线　书写建强县级
融媒体中心的锦绣文章
——湖北省赤壁市融媒体中心试点建设给出的思考

马春霞

县级主流媒体是社会主义意识形态的前哨和一线阵地，是做好宣传思想工作至为关键的"最后一公里"。同时，建强用好县级融媒体中心，也是媒体步入深度融合"深水区"的必然要求。

2018年7月23日，赤壁市融媒体中心正式挂牌成立。在中宣部、湖北省委宣传部以及当地党委政府的指导关心和帮助下，先后被列为全国首批试点县市、中宣部县级融媒体中心建设重点联系推动县市、湖北省县级融媒体中心建设试点县市。

近年来，赤壁市融媒体中心始终坚持以引导群众、服务群众为根本遵循，以建强用好县级融媒体中心为目标追求，守正创新，持续推动媒体深度融合，做好体制机制创新、传播平台建设、融合业务发展、人才队伍建设这4篇文章。

经过全体同志的努力，2020年9月，融媒体中心高质量通过了试点建设验收。2018—2022年，赤壁市融媒体中心先后荣获中共中央宣传部、文化和旅游部、国家广电总局表彰的第九届全国服务农民、服务基层文化建设先进集体和国家广电总局表彰的2019年度全国广播电视媒体融合典型案例奖、第三届湖北改革奖。

一、做好"群众路线"文章，解决"服务得好"问题

用心走好新时代群众路线，以创新求变、精益求精的姿态做好群众路线这篇

大文章，是建强和用好县级融媒体中心的法宝。作为全国、全省试点，赤壁市融媒体中心以走好群众路线为根本遵循，把引导好群众和服务好群众作为全心全意为人民服务的具体实践，将镜头聚焦群众，把舞台交给群众，为群众解决实际问题，赢得了当地群众发自内心的喜爱，也为融媒体发展赢得了用户。

1. 强化舆论引导群众

以用户需求为导向，着力推动内容生产的高质量发展。年均完成主题宣传策划案 30 多个，2022 年，我们策划推出了《学习二十大 一线看落实》《美好环境与幸福生活共同缔造》《迎战高温 抗旱保收》等系列报道，凝聚起经济社会发展的强大合力。我们始终秉承贴近基层、贴近生活、贴近群众的原则，致力于大主题小切口，生产出更多优质内容引导群众，服务群众。

2022 年年初，赤壁市老城区一条主干道的主水管爆裂，我们第一时间通过云上赤壁等主流媒体发声，告知市民爆裂原因、检修情况、恢复时间，消除疑虑，获得理解；患病女大学生家中 3 亩橘园内近 3 万斤柑橘滞销，赤壁市融媒体中心各媒体平台帮其发声倡议，并现场直播，带动社会企业、爱心人士网上网下以爱心价采摘，并销售一空，助她渡过难关，体现了媒体的温情温度。同时，坚持产品形式创新，年均制作推文、H5、图解、海报等作品 738 条，短视频作品 300 多条。

2. 走实网上群众路线

主动融入基层社会治理，深化"新闻+"服务模式，依托云上赤壁，不断升级优化"媒体+政务+服务"，做实做优信息公开、生活服务、诉求受理、线上办理等各项服务，让为民服务的"触角"延展得更深、更广。

打造了云上赤壁问政"四单"（市民群众"下单"、问政平台"派单"、单位部门"接单"、纪委监委"督单"）服务品牌，收集群众对政府部门工作的意见建议，将各部门置于人民群众的监督之下。月均处理咨询、投诉、求助等信息 70 条，回复率达 100%，处理办结率达到 98%，助力解决市民群众急难愁盼问题。2022 年 7 月 13 日，网友通过平台问政：小区内 3 台"僵尸车"停放多年，车子已破烂不堪、积灰严重，小区内本来停车位就严重不足，业主也与物业多次沟通但无法联系到车主，烦请有关部门联系车主或清理出小区。市交警大队通过问政平台接单后，当天对3台车辆进行查询联系，确认车辆达到报废标准，安排拖车进行拖离处置。这些问题看上去很小，但市民多次反映却得不到解决。通过问政平台的"四单"机制，直接将问题下单给相关部门，很快就得到了妥善的处置。同时，群众在云上赤壁问政平台可以反馈住房、医疗、教育、社区治理、城市管理等方方面面的问题，虽然"琐碎"，却高度关联着群众的幸福感。2022年，全年处理的信息达到了1023条，较好地发挥了"瞭望塔"和"减震器"作用。

3. 服务方法与时俱进

以活动策划为带动，做强融媒体直播，服务经济社会发展。

为助力农产品销售，组织直播进猕猴桃果园，直播一场，果园便清空一个，还促使猕猴桃销售价格翻番，有力带动了赤壁猕猴桃产业发展；结合企业用工需求，牵手当地人力资源部门举办网上直播招聘活动，深得用工企业和就业群众的好评。赤壁"春风行动"系列网上招聘直播活动，通过主播实地走访了解企业情况、深入一线感受工作环境，现场解读政策待遇等多个角度，帮助求职者了解相关企业情况和招工、用工薪资待遇等，得到了广大求职者的高度认可。参与直播的企业表示，通过这样的形式能很好地将企业的良好形象和需求进行广而告之，有利于帮助企业发展和吸引更多优质人才。2022年一共开展了5场直播活动。目前，融媒体中心年均策划融媒直播活动30余场，场均点击量超过20万。

二、做好机制创新文章，解决"行得通"问题

打破藩篱重构组织构架。2018年7月23日，赤壁市挂牌成立了市融媒体中心，统一管理赤壁电视台、赤壁人民广播电台、今日赤壁报、赤壁网、赤壁政府网、赤壁手机报、云上赤壁客户端、赤壁双微矩阵8个平台。根据媒体融合发展需求，打破原有以媒体属性设定的管理构架，整合全媒体资源，建立以调度指挥、策划编审、新闻采访、编辑制作、技术保障为主体的运行架构，实行流水线作业、扁平化管理，逐步实现8个媒体平台从相加到相融。

再造"策采编审发"流程。媒体融合的最终目标是实现各个媒体间的"你中有我，我中有你"。以此为目标，在媒体融合改革发展中，赤壁市融媒体中心出实招、下狠劲，真正通过机制、流程、内容的充分融合，依托调度指挥中心和智能采编平台，建立起"一体策划、一次采集、多种生成、多元传播"生产流程，中心日均发布原创作品近40条，推送各类信息280多条，较改革前增长4倍以上。

构建安全高效传播体系。县级层面实现"一中心八平台"融合互通，同时通过融通国家、省、市级主流媒体平台和商业账号，努力扩大传播面和影响力。目前已初步形成以互联网传播为主体、云上赤壁客户端为核心，纵向贯通、横向融通，渠道丰富、可管可控的全媒体传播格局。

三、做好"相融"大文章，解决"传得开"问题

传统传播平台做精做深。推进媒体融合，不是弱化传统媒体，更不是摒弃传统媒体，而是在融为一体的过程中做精做深。广播、电视、报纸等传统媒体平台不断适应新形势下的传播方式，持续深化节目和栏目改革，推动电视屏、电脑屏和手机屏的"三屏联动"。赤壁市融媒体中心依托新建设而成的全景式播音大厅，全面提升品牌节目的策划创意、采编制作、安全传播质量和水平，创新推出了《气象伴你行》《小区那些事》《村湾有故事》《每晚"舞"分钟》等全媒体视频节目。同时，组建创意产品制作部门，顺应人们的收视喜好，把视频做短做优，发挥教育引导群众、凝聚思想力量的作用。2022年，中心围绕"文明城市创建""平安创建""高质量发展"等主题，策划创作视频号短视频近80部，其中《艳阳三月　赤壁葛仙山美成樱花海》《春风化雨明前茶》等作品先后在新华社等央视媒体平台上刊播，《文明祭扫　平安清明》《我知晓　我参与　同心携手汇聚赤壁创建全国文明城市磅礴力量》等视频获得社会各界的广泛认可。

新兴媒体平台做大做实。坚持互联网思维持续完善提升新媒体平台功能，提升内容生产质量。依托湖北省级平台长江云，集中力量打造云上赤壁客户端，重点围绕用户做多、内容做好、服务做实三个方面下工夫。到2022年10月，云上赤壁客户端累计下载用户20.5万，占全市移动手机用户的50%以上。年均发稿

增至 21000 多条，其中"1 万+"稿件数量在 10%以上。云上赤壁客户端的"阅读指数"等 5 项指标长期位列湖北省县级云平台前列，已连续 5 年获得长江云县融最佳运营单位。到 2022 年，创新"双微矩阵"平台已实现对全市 46 个新媒体账号进行集中展示、统一监测、业务指导和代理运营。

推动媒体账号对接融通。着力构建纵横贯通的全媒体传播体系。纵向直通上级主流媒体，入驻了央视移动智慧平台，建立了学习强国融媒号、湖北日报客户端赤壁频道，与省市广播电视台开展深度合作。横向安全链接商业账号，开辟了抖音号、头条号、视频号等新媒体传播账号。形成了覆盖广泛、传播有效、可管可控的全媒体传播矩阵，宣传质量和效果明显提升。2022 年，在中央、省级主流媒体上稿达到 5196 条。

四、做好"人力"文章，解决"撑得起"问题

人才进得来。通过向市委、市政府争取，赤壁市融媒体中心招引人才实行"退一补一"政策，即空出一个编制可财政全额事业编招聘一人。2019 年以来，中心运用"退一补一"政策招聘专业技术人员 24 人；与此同时，中心通过自主聘用方式，遵循事业发展需求、岗位优胜劣汰的原则，及时以劳务派遣的方式向社会聘用一批技能人员，为媒体融合发展注入新鲜血液。

能力上得来。与武汉大学、武汉传媒学院等 7 所院校合作共建实习实训基地，为高校提供实训平台，为中心储备专业人才。通过送出去、请进来方式开展业务培训。同时，选派业务骨干和新录用人员到新华社、人民日报、广电总局和省广电局、长江云、湖北报业集团等上级媒体平台学习培训，多渠道多途径培养新闻专业人才队伍。坚持融媒大课堂等人才培养机制，提升队伍能力素质。

人员留得住。持续调整完善岗位责任与工作业绩相统一的职责定位、薪酬分配、选人用人和绩效考核机制，考核结果作为年度评先表优和后进管理的重要依据；健全多劳多得、优劳优酬竞争激励机制，推动薪酬向好作品、好记者倾斜，最大限度调动从业人员的积极性和创造力；坚持优秀融媒体作品评选、青蓝结对帮扶等机制，努力提高新闻队伍整体能力和工作本领。

五、立足做好"三个坚持"助推高质量发展

接下来,我们将立足做好"三个坚持",助推赤壁市融媒体中心高质量发展,书写建强用好县级融媒体中心这篇锦绣文章。

始终坚持主流媒体定位。县级融媒体中心作为打通"最后一公里"的关键环节,是中央精神传播到基层的重要载体支撑。面对新的传播格局和生态,县级融媒体中心要不断强化自身主流媒体定位,坚持党媒姓党,把正确的政治方向、舆论导向、价值取向融入每一篇新闻信息产品,创作生产更多优质内容,始终弘扬主旋律,传播正能量,不断巩固壮大基层主流思想。让正能量更强劲,主旋律更高昂。

始终坚持打造优质内容。海量信息泛滥,优质内容稀缺。能否吸引受众、留住用户,能否引领舆论、凝聚共识,关键要看内容做得好不好。要始终坚持内容为王,以互联网思维用好各类新兴传播渠道与传播形态,创新话语表达,以精品创作为理念引领,把握好新闻内容的专业性、生动性与贴近性,坚守主流价值传播与用户需求相统一,不断增加优质精品内容的供给。

始终坚持"新闻+"理念。全媒体时代,信息供给与消费形式更加丰富,仅以新闻单品取胜的方法已经行不通,因此,要提升县级融媒体中心的竞争力与影响力,也要加快拓展"新闻+政务""新闻+服务"等相关业务,发挥好在公共服务方面的本地化优势和资源整合优势,主动参与、深度赋能县域社会治理,发挥好载体和工具作用,创新工作方式方法,引导和带动多元主体参与县域社会治理。

作者及所属单位:

马春霞　赤壁市融媒体中心副主编

基于用户思维下的县级融媒体中心建设的路径选择
——以竹山县融媒体中心建设为例

韩 勇

一、引 言

在 2018 年 8 月的全国思想宣传工作会议上，习近平总书记提出："要扎实抓好县级融媒体中心建设，更好引导群众，服务群众"①，标志着我国媒体融合进入了全新的阶段，从"以传媒集团'中央厨房'建设为主要特征的第一阶段，迈入以基层县级融媒体中心'建设为标志的第二阶段'"② 近年来，竹山县融媒体中心建设工作正在扎实推进，已建立了"一中心、九平台"的宣传阵地，完成了内部业务运行构架、管理体制机制等六项改革。基础平台硬件建设和内容生产系统建设完成，云上竹山、电视、广播、微信等栏目节目优化，发展态势良好，但不可否认的是仍然存在着一些问题。县级媒体作为最基层的媒体介质，打通与基层群众联系的"最后一公里"，从而真正发挥县级融媒体中心联系群众、服务群众的历史使命有着重要意义。

---

① 习近平. 论党的宣传思想工作 [M]. 中央文献出版社，2020：340.
② 朱春阳. 县级融媒体中心建设：经验坐标、发展机遇与路径创新 [J]. 新闻界，2018（9）.

二、用户思维的兴起与发展

用户思维是指从用户角度出发进行思考和决策的一种思维方式,它的产生源自人们对于产品和服务的需求和期望的不断提升。随着信息技术和互联网的快速发展,用户也越来越能够获取更多的信息和选择权,进一步推动了用户思维的发展。Prahalad, C. K. 在 2004 年的文章中着重介绍了用户参与共创的概念和重要性,提出了用户思维演变为用户参与和共创的趋势,以及共创体验在价值创造中的作用。这一论述充分表明了信息技术的进步对于新闻传播无论是从理论和实践层面都产生了深远的影响。新的媒介技术对于个体的赋权,使得个体有参与信息生产和传播的平台,传播者与受众之间的界限越来越模糊,受众不再仅仅是信息的被动接收者与消费者,受众可以用各种方式参与信息的生产和传播中。这被认为是用户思维用于媒介传播领域的开端。① Bettencourt 的文章中探讨了新媒体服务创新的重要性,提出了从顾客需求到突破性服务的转变过程,强调了用户思维在新媒体服务创新中的关键作用。②

用户思维的发展在很大程度上受到数字化时代的影响。以下是用户思维发展的几个阶段:

1. 需求满足阶段

用户思维最初处在关注产品或服务是否能够满足自己需求的阶段。在这个阶段,用户主要关注产品的功能、性能和价格等方面。

2. 个性化定制阶段

随着用户对产品和服务的需求越来越多样化,个性化定制开始成为用户思维的重要特征。用户开始追求与众不同的产品和体验,他们希望能够根据自己的需

---

① Prahalad, C. K., & Ramaswamy, V. (2004). Co-creation experiences: The next practice in value creation. Journal of Interactive Marketing, 18 (3).

② Bettencourt, L. A. (2010). Service innovation: How to go from customer needs to breakthrough services. Handbook of Service Science, 409-454.

求和喜好来定制产品或服务。

3. 参与共创阶段

随着互联网和社交媒体的兴起，用户思维逐渐从被动接受转变为主动参与。用户开始参与产品的设计、开发和改进过程，与企业进行互动和合作，共同创造价值。

用户思维的趋势是不断向个性化、参与化和体验化发展。未来，随着技术的进一步发展和用户需求的不断演变，用户思维将更加注重个性化需求的满足，更加强调用户参与和共创的重要性，以及提供更好的用户体验。例如尼葛洛庞蒂提出的"我的日报"的概念，认为未来的信息服务是个人化的、专门定制的，兴趣在新闻传播的过程中将扮演着越来越重要的角色。传统媒体时代，表现为不定量的、多数的群体，现在开始演变成个性需求凸显的个体。用户这一概念就是互联网技术发展的产物，用户既可以指单独的个体，也可以指具有某些共同属性或特征的群体，为了满足自身需求而具有主动性的特征。

"郡县治，天下安"。县级融媒体中心作为基层主流媒体，是密切联系群众的重要纽带。县级融媒体中心在吸引住本地用户的同时，服务好本地用户，从而更好地实现基层媒体引导群众、服务群众的目标。为了达到这一目标，利用好用户思维就成了县级融媒体中心建设的重中之重。用户思维的核心原则是：服务好长尾人群、兜售参与感、用户体验至上。在本文中，笔者试图从兜售参与感和用户体验至上这两个方面对县级融媒体中心建设路径加以分析。

三、用户思维对于县级融媒体中心建设的挑战

据笔者统计，截至 2024 年年底，竹山县融媒体中心建设无论是从用户数量还是从用户的活跃度来看，都具备一定的用户基础，整体呈现一片欣欣向荣的良好发展态势，但是用户思维对于县级融媒体中心建设形成了现实的挑战。

1. 融媒体中心建设用户的体验感不强

竹山县县级融媒体中心建设强调"新闻+政务+服务",其设计思路很好,但是实践起来却有一定困难。从县级融媒体中心的职能和目前的承载能力来说,有一定难度,也涉及重复建设的问题。政务和服务这一块,全省都有自己专门的系统,有独立完整的运行机制、督办落实机制。融媒体中心可以独立开发,但通常涉及重复建设的问题,在运行、落实上难以达到政府系统的效果。

从用户体验的角度来看,体验感与政府专门的政务和服务相比,有一定的差距。服务内容单薄,缺少便利性与受众黏性。县级融媒体中心的建设必须重视用户体验,站在用户的视角去思考县级融媒体中心的服务与用户需求的匹配程度。用户体验的本质就是人在特定场景下的思维模式和行为模式,用户体验会直接影响用户的使用率与黏性。

2. 融媒体中心建设用户的参与感不足

竹山县县级融媒体中心虽然已经建立起了"一个中心""九大平台"的宣传阵地,但是用户的参与感不足。县级融媒体中心建设面临着建立起用户参与媒体、信息互联互通、信息再创造的传播体系,增强用户黏性,提升用户活跃度的问题。

笔者通过分析融媒体中心 2024 年 6 月的内容生产情况,发现造成这一情况的原因,一方面是融媒体中心在内容生产方面政务性内容过多,民生和社会类内容较少,服务性内容属性偏低的问题;九大平台的内容同质化、缺少吸引力;内容设置单一、缺少本土化与受众相关的信息。另一方面用户生成内容较少,用户互动流于形式,互动性较差,受众参与的意愿较低。最后就是融媒体中心缺乏对于用户背后数据的分析和调查。用户的需求是多元的、个性化的、动态的,只有积极主动并且持续关注用户需求,才有利于县级融媒体中心内容生产的调整、传播策略的创新。

四、县级融媒体中心建设的路径选择

1. 构建用户使用场景，优化用户体验

科特勒在《营销革命4.0：从传统到数字中》提出了5A模型理论，他认为一个好的产品在市场上要想获得大众认可，必须要经历五个阶段，即获知、吸引、询问、使用、推荐。对于县级媒体来说，首先就是要让用户获知，知道县级融媒体中心建设的原因、建设之后干什么、与用户之间有什么关系。而要让用户获知，必须有一个入口。

因此，在县级融媒体中心建设中，可以选择以下入口：

（1）建设统一的新闻发布平台：搭建一个统一的新闻发布平台，集中传达县级各部门的新闻资讯和信息，方便公众获取信息。

（2）多媒体报道能力提升：注重培养融媒体人才，提升县级融媒体中心的多媒体报道能力，包括文字、图片、视频等形式的报道，以满足公众的多样化需求。

（3）建设县级自媒体平台：开设县级自媒体平台，鼓励公众参与信息传播和互动，增加信息的多样性和广度。

（4）增加信息传播渠道：除了传统媒体形式外，可以开拓新的信息传播渠道，如社交媒体平台、手机App等，更好地与公众进行互动和交流。

（5）内容策划与优化：加强对县级新闻信息的策划与优化，提高信息的质量和独特性，增强吸引力和影响力。

（6）建设县级融媒体矩阵：通过建立县级融媒体中心联动的矩阵系统，实现信息的协同发布和推广，提高信息传播的效率和效果。

"媒介不仅反映生活，同时也构建生活形态。"在媒介平台化，平台媒介化的趋势下，用户的媒介使用习惯越来越呈现出生活化的趋势，由此产生的媒介消费习惯则变得"随时在线""随地发生""随处接入"。作为县级融媒体中心，未来或将成为县域中人们的媒介化生活场景。新媒体语境下，场景强调服务价值，既提供个性化的信息服务，又提供与现实生活场景接驳的增值服务入口，最终目标

是提供特定场景下的适配信息或服务。①

县级融媒体的用户场景和媒体场景构建可以根据实际情况和需求进行设计。一些优势县级融媒体常常将场景构建分为用户场景构建和媒体场景构建。如日本大分将融媒体的用户场景分为四个维度：

(1) 需要获取县级政府发布的公告和政策信息的居民：他们希望能够通过县级融媒体中心的平台及时获得政府部门的重要通知、政策解读等信息。

(2) 想了解县域经济、社会发展情况的企业和投资者：他们希望通过县级融媒体中心的报道和数据分析了解县域经济发展动态、相关项目和投资机会等信息。

(3) 需要了解县级文化活动和旅游资源的游客：他们希望能够通过县级融媒体中心的平台获得有关县内文化活动、旅游景点、特色美食等方面的介绍和推荐。

(4) 希望参与民生议题讨论和反馈的公众：他们希望能够通过县级融媒体中心的社交媒体平台与其他公众交流讨论，提出问题和建议，倡导民主参与。

韩国大邱广域市寿城区将融媒体的媒体场景分为四个维度：

(1) 新闻报道场景：县级融媒体中心可以通过采访县域内不同领域的人物、组织和企业，进行新闻报道、深度调查、独家报道等，为公众提供全面、权威的新闻信息。

(2) 数据分析和可视化场景：县级融媒体中心可以通过整合、分析和可视化大量的统计数据和民调数据，为公众呈现各类经济、社会、环境等方面的数据图表和报告，帮助公众了解县域发展和问题状况。

(3) 社交媒体平台场景：县级融媒体中心可以在社交媒体平台上建立社区，引导公众参与讨论、分享观点、交流意见，打造一个公众与媒体互动、公众与政府互动的平台。

(4) 视频直播和短视频场景：县级融媒体中心可以通过视频直播和短视频等形式，将县级重大活动、新闻发布会、文化节庆等实时呈现给公众，增加信息传递的生动性和互动性。

---

① 彭兰.场景：移动时代媒体的新要素 [J].新闻记者，2005 (3)：20-27.

以上是一些县级融媒体的用户场景和媒体场景构建的示例，具体的场景设计可以根据不同县级的实际情况和需求进行定制化。① 在构建场景时，应该在场景中对用户进行精准画像，进而完成精准匹配，优化用户体验。站在用户的角度，寻找用户的需求，满足用户的需要。

2. 深耕内容"本土化"，满足用户接近性

哈佛大学的心理学教授斯坦利·米尔格拉姆（Stanley Milgram）提出了六度分隔理论：你和任何一个陌生人之间所间隔的人不会超过六个，也就是说，最多通过六个人你就能够认识任何一个陌生人。② 随着移动互联网技术的发展，人与任何陌生人之间的间隔，远远小于六个人。2016 年，有团队曾发布研究报告说每个人与其他人之间的间隔为 3.57 人。美国著名社会心理学家亚伯拉罕·马斯洛（Abraham Harold Maslow）在需求层次理论中把社交（朋友）的需求看成人的基本需求之一，人是群居动物，都有社交的需求，社交就是一种互动，一种分享，在互动、分享中，内容是基本要素之一。在移动互联网时代，媒介信息的互动、分享就成为一种社交方式，人们最喜欢分享什么内容，毫无疑问本土化、与用户天然具有接近性的内容是其中之一。

县级融媒体中心坚持用户思维，应深耕本土化内容、满足用户乐于分享、传播的基本需求，进而增强用户黏性。县级融媒体中心建设在这一方面具有得天独厚的条件，可以说占尽了天时、地利、人和。

天时指的是借着政策的东风，有政策的加持。自 2018 年 8 月习近平总书记在全国宣传思想工作会议上发表讲话以来，同年 11 月，中央全面深化改革委员会第五次会议审议通过了《关于加强县级融媒体中心建设的意见》。2019 年 1 月，中宣部和国家广播电视总局发布了《县级融媒体中心建设规范》。随着该项工作自上而下的推进，湖北省长江云融媒体中心扶持县级融媒体中心的工作也有条不紊地进行。

---

① 转引自胡泳. 尼葛洛庞蒂的所见与未见 [J]. 英才，2014（8）.
② 朱丽. 社会网络"大连结"的魅力——六度分隔和三度影响力 [J]. 现代管理科学，2015（2）.

地利指的是身处同一地域的用户,在长期的共同生活中孕育了共同的文化。费孝通先生在《乡土中国》中说过:从基层看去,中国社会是乡土性的。我国县、乡、村这一基层的组织千百年来基本保持了一定的稳定性和延续性,这使得县域民众的同一文化体验尤为深刻。深耕本土化内容、推广地方特色文化是县级融媒体中心联系群众、服务群众功能的集中体现。

人和指的是县级媒体的用户基础,在长期的共同生活中,用户对于本土的风土人情如数家珍,对于本土的生活志趣念念不忘。生活在家乡的居民乐于交流本土文化,漂泊在外地的游子渴望了解本土信息,于是融媒体中心成为一扇很好的窗户。县级融媒体中心的建设应牢牢抓住这一用户资源,内容选题本土化,内容制作精细化,吸引本土用户、增加黏性。

3. 激活 UGC 生产模式,满足用户参与感

在人人都是麦克风的时代,移动互联网的快速发展以及数字技术通过赋能的形式,赋予用户更多的角色,用户同时承担着信息的消费者、信息的传播者和信息的生产者的角色。就拿信息的生产来说,有专业化的内容生产(PGC),也有用户业余的内容生产(UGC),还有专业化的用户内容生产(PUGC),这两年还出现了人工智能内容生产(AIGC)。但是技术的进步永远代替不了用户亲身参与内容制作的那种使用体验与满足感。

美国社会学家欧文·戈夫曼的"拟剧理论"认为,在我们的日常交往和生活中,人人都是表演者,在特定的情景、不同的舞台上认识到别人对我们行为的期待以及我们对他人思想、感情和行动的期待,会使我们不断根据自己身处的舞台以及交往对象调整自己的行为。①互联网其实就是一个舞台(场景),每个用户就是舞台上的一个舞者,都有参与表演的欲望。彭兰教授也曾提到新媒体时代,用户具有节点化生存、表演化生存、数字化生存等特点,因此给用户提供参与的渠道和舞台是必要的。

竹山县融媒体中心这类县级媒体,在坚持用户思维,给予用户生成内容的渠

---

① [美]欧文.戈夫曼.日常生活中的自我呈现[M].北京工业大学出版社,2008:19-25.

道和平台上具有天然的优势。在县级融媒体中心平台上开通用户生成内容的界面，同时培养一大批本土的 UP 主，平台上既有舆论领袖的引领作用，又有普通用户的参与互动，造就一种欣欣向荣、人人参与的新景象。这样有县级融媒体中心专业生成的内容，也有 UP 主生成的专业化的用户生成内容，还有普通用户生成的内容，就构成了一个完整的内容生成的闭环。

五、结　论

县级融媒体中心用户的活跃度是基础，传播度是关键，互动度是黏合力。牢牢把握住用户，让用户主动参与内容的生产，满足用户的参与、表演心理，激活其活跃度，是互联网时代用户思维的生动体现。

作者及所属单位：
韩　勇　武汉传媒学院新闻传播学院副教授

县级媒体融合如何走深走实

——房县融媒体中心融合发展的实践探索

陈 勇 田兰兰

党的十九届五中全会审议通过的《中共中央关于制定国民经济和社会发展第十四个五年规划和二〇三五年远景目标的建议》提出，推进媒体深度融合，实施全媒体传播工程，做强新型主流媒体，建强用好县级融媒体中心。

媒体融合是时代所向、大势所趋。如何贯彻落实习近平总书记关于县级融媒体中心"引导群众、服务群众"的指示，成为房县凝心聚力追求的目标。

2019年3月19日，作为湖北省县级融媒体中心试点县，房县挂牌成立房县融媒体中心，探索具有自身特色的县级媒体融合发展之路。

按照"一年打基础、两年上台阶、三年创品牌"的总体思路，房县融媒体中心结合实际，大刀阔斧，锐意进取，突出管理体制、采编流程、内容生产、用人机制、薪酬机制、经营机制等方面的多元改革，不断推动媒体融合向着纵深方向发展。

措施有力，成效凸显。融合以来，房县融媒体中心获评2020年度湖北省广播电视系统先进集体，在2021年、2023年湖北省媒体融合创新案例评选中分别荣获入围案例和优秀案例。2023年2月，房县入选2022年度湖北城市传播力十佳区县，同时在全省各类县域政务融合传播指数排行榜中名列三甲，房县融媒体的改革之路越走越宽。

一、高位推动 凝聚改革合力

由原房县新闻中心、县广播电视台整合而成的房县融媒体中心，面临着山区县级媒体普遍存在的资源分散、市场总量不大、经营绩效不高、全媒体人才短缺等问题,如何融出"1+1>2"的效果?

高位统筹凝"神"。县委主要领导亲自抓、负总责。县委常委会研究审定中心组建方案,将中心建设列为县委全面深化改革的重点突破项目。

建章立制强"筋"。参照中宣部《县级融媒体中心建设规范》,县委、县政府制定《房县融媒体中心建设方案》。宣传、编制、人社等部门密切联动,出台中心"三定"方案。

资金投入造"血"。县财政专项预算1200万元,建设全新的房县融媒体中心。同时县委、县政府出资2200万元收购办公场所,无偿划拨给中心使用。每年争取或安排文化产业专项资金补助,筑牢中心建设资金保障。按照一类事业单位予以中心财政保障。

有效建构起强有力的保障体系,让房县融媒体中心得以大刀阔斧改革,不断整合升级物理空间,优化内部组织架构,设立形成以宣传策划采访中心、编辑制作中心、新媒体中心、技术运维中心、后勤保障中心为构架的中心带部室制,促进管理扁平化、功能集成化、产品全媒化的融合发展,把更多业务骨干投入采编一线,投入新媒体部门,实现70%以上采编人员参与网络新媒体业务,真正激活融媒体中心发展内生动力。

二、建强平台 打造融合传播矩阵

媒体融合是一场大变革,它意味着信息发布从"唯一"到"之一"的渠道之变,传媒对象从"纸媒"到"屏媒"的用户之变,媒体形态从"单一"到"融合"的跨界之变。

"媒体融合发展是一项系统工程,首要任务是构建一个立体的'融合传播矩阵'。"房县县委宣传部副部长、融媒体中心主任陈勇说。

坚持移动优先战略。房县融媒体中心按照"先端再网后屏"的思路,体现移动优先战略,重构策、采、编、审、发、评流程,充分发挥"中央厨房"枢纽作用,整合优化互联网、移动端、社媒平台,构建全媒体传播格局。

差异化打造传播平台。升级"早安房县""房县融媒""今日房县"三个微信公众号，明确资讯、政务、生活的定位，倾力打造以"政务+民生+原创稿件"为主的融媒平台，针对不同时段、不同受众，三个微信公众号互为补充，实行错峰发布，无缝对接国际国内和县内新闻，不留空白，进行差异化传播覆盖。同时，依托省级融媒体平台长江云开发了云上房县App，搭建适合县域特点的融媒体平台。这些平台围绕中心，贴近民生，把触角探进生产生活一线，坚持"接地气、全覆盖"，打通"新闻+服务"的"最后一公里"，实现一端在手、应有全有，讲好房县故事，满足百姓需求，深受群众好评。

"借外力"形成宣传新格局。房县融媒体中心还主动进驻央视新闻+、新华社现场云、人民日报人民号、长江云、抖音等有影响力的平台，打通房县融媒与中央、省、市媒体通道。补齐传统媒体短板，房县电视台节目全面进入电信、移动、联通IPTV，并实现了通过云上房县App实时收看房县电视台节目的目标；广播、电视节目全面进入中央广播电视无线数字化地面覆盖网，实现广播电视节目有线、无线、网络全覆盖；初步建成了覆盖全县20个乡镇281个行政村（社区）县乡村三级联动、安全可靠的应急广播系统。

目前，中心形成电视、广播、报纸、网站、客户端、微博、微信、短视频（抖音号、视频号）等平台的传播矩阵，真正实现一次采集、多元生产、多端发布的目标，形成一条新闻电视上有图像、广播里有声音、报纸上有文字、手机移动端有推送、社交媒体全覆盖的传播格局。

三、疫情大考　提升核心融合力

纸上得来终觉浅，绝知此事要躬行。经过几年的建设改革和不断完善，房县融媒体中心"硬件"和"软件"得到夯实，融合的效果及传播影响力在2020年的新冠疫情大考中得到了检验。

疫情这场大考，对打造县级主流媒体融合传播力既是重大挑战，也是重大机遇。房县融媒体中心全力投入、全情奉献、全面沉浸、全员动员，通过及时准确的新闻报道、贴心到位的科普宣传、暖心安心的互动传播，在媒体融合上下工夫，再造流程，重塑生产、传播方式，历练媒体融合新形势下的生存能力，摸索县级主流媒体自强之道。

融队伍。疫情发生后，房县融媒体中心第一时间重新调整外采队伍，调动各媒体平台记者，以新媒体为主战场，面向新媒体展开生产传播，很多记者从"亦步亦趋"式的"软着陆"，到"逼上梁山"式的"硬转型"，在疫情报道一线练成了"多面手"，写文字、拍照片、录视频、剪辑软件、新媒体发布无不精通，转型成为真正的全媒体记者。

融流程。统一调度新闻记者走进医院、深入农村，所有采访稿件及图片、视频等资料可不受时间、地点限制即时上传到媒体融合工作平台，经审核后，编辑制作成图文、短视频、H5 等形式，第一时间通过网站、客户端、微博、微信公众号、抖音号、视频号进行发布，真正实现一次采访、多端发布、多元呈现、移动优先的运行模式。疫情期间，融媒体平台发稿数量与阅读量突飞猛进，今日房县微信公众号推文《紧急公告》单条最高阅读 19.8 万次，房县融媒抖音号短视频《保护自己，保护家人！与感染者密切接触过，及时上报，早诊断早治疗》播放量达到 1727 万次，这对于总人口不到 50 万人的房县来说，是开创性的成绩。

融产品。疫情期间，为了更好地引导、影响受众，房县融媒体中心更是从用户的角度，在互动式、服务式、体验式作品方面出招。在今日房县、房县融媒微信公众号和云上房县 App 后台开通疫情防控网上求助受理平台，推出"战疫情公益心理援助活动"；在房县融媒视频号开通"县城慢直播"，24 小时不间断直播县城全景和中心城区实时景象；将权威信息以网民喜闻乐见的 H5、长图、动漫、海报等形式触达网络传播末梢，其中图文产品《房县战"疫"十二时辰》荣获湖北长江云战"疫"好新闻。

兴直播。受疫情影响，为避免人员聚集，线下招聘会被全面叫停，就业这个"最大的民生"面临前所未有的考验。非常时期，房县融媒体中心调动所有媒介资源，充分发挥全媒体优势，联合人社部门，开展"直播送岗"融媒直播公益行动，在 2021 年年初组织开展包括"浙江宁海专场招聘"在内的 15 场直播节目，总观看人次达 60 万。"直播送岗"活动，可以说是中心"积极发展服务式、互动式、体验式新闻信息服务，实现新闻传播的全方位覆盖、全天候延伸、多领域拓展"的一次成功实践和有益探索，截至 2025 年 3 月，中心累计开展"直播送岗" 135 场次，观看人次 1200 万，线上达成就业意向 3 万多人。

危中育新机，变中开新局。大考中，房县融媒体中心从传统媒体和新兴媒体的"简单相加"正式迈向"深度融合"，打开了新局面，闯出了新天地。

四、完善机制　激活队伍内生动能

媒体深度融合，归根结底是人的融合。房县融媒体中心积极探索内部机制改革，不断优化考评激励机制和人才选育模式，切实激发出队伍内生动力。

打破限制，实行一岗多责。播音员、主持人有抖音运营和短视频制播任务，新媒体、报纸编辑有学习强国、中央网络媒体的上稿任务。目前中心主持人全部开通抖音账号，通过拥抱新媒体形态逐渐成为小屏端的"主流网红"。

打破岗位平均主义。通过出台《房县融媒体中心绩效考核方案》，根据不同岗位特点和工作难度、强度等设置量化考核分值，打破"大锅饭"模式。干好干坏不一样，干多干少不一样，让大家主动作为，干劲更足。尤其在疫情防控、脱贫攻坚、乡村振兴、建党100周年等重大主题报道中，一线记者更是尽锐出战，常常"挑灯夜战"，打好一场又一场新闻报道硬仗。

选育并举，吸纳优秀人才。在融媒体大背景下，中心在人才工作方面，向组织部门申请将新闻传播学类相关专业纳入县人才引进和招聘紧缺急需专业，由县人社局纳入年度招聘计划并公开招聘，每年都为中心带来"新鲜血液"。同时，采取"外部引进、内部交流、外出学习"等多种形式，培养适应媒体融合发展的新闻采编、播音主持、市场经营人才；重视"老带新""传帮带"作用，注重发挥骨干人员的核心作用，对新进员工指定专人帮带培训；鼓励采编播人员到多个岗位历练，做到一专多能。如今，新媒体部所有员工均能外出采访拍摄、剪视频、写文案、编图文，独立运用微信、抖音、新闻客户端、微博、手机报、学习强国等平台，成为名副其实的采编播发全能人才。多名主持人除了完成电视和广播栏目的出镜播音任务，还在专栏节目中担任编导，策划拍摄短视频并经营自己的抖音账号。从主播到记者，从编导到网红"大V"，称呼变化背后，不仅代表着个人的发展轨迹，更彰显出了融合的方向与成效。

五、内容为王　提升融媒品质

6年来，房县融媒体中心选送的126条新闻在中央电视台播出，"挤进"《新闻联播》的新闻有12条。这样的成绩，相比于媒体融合以前有了很大的进步。这让我们意识到，全媒体时代，虽然舆论生态、媒体格局、传播方式发生了变化，但"内容为王"始终是内在要求。

加强策划，聚焦重大典型。媒体融合以来，中心建立每月新闻宣传主题策划机制、每季选题策划会机制、重大主题报道联席会议机制等工作机制，牢牢把握新闻采编主营业务，打造本地最快最全最权威的新闻资讯平台，在庆祝新中国成立70周年、庆祝中国共产党成立100周年、"决胜全面小康、决战脱贫攻坚"、"奋进新征程、建功新时代"以及统筹疫情防控、经济社会发展等主题主线宣传以及县委、县政府中心工作宣传中，发挥主战场主阵地主渠道作用，一批高品质的融媒作品应运而生。

设置议题，坚持受众思维。围绕党委政府要说的、基层群众关注的，中心主动设置议题，采写创作能"飞入寻常百姓家"的鲜活作品。在"走向我们的小康生活"主题采访中，中心采访专班走遍全县20个乡镇，采写了120篇鲜活、生动的报道，《我的脱贫故事》获得湖北省"决战决胜脱贫攻坚 小康路上一个不少"2020年网络视听作品优秀节目。在"致敬抗美援朝老兵"主题采访中，抢救性采写刊播房县籍抗美援朝老兵报道29条。

创新形式，丰富传播载体。"媒体融合后，我们的稿件，无论从传播的形式到内容，都有较大的变化。一篇稿件中既有文字又有视频，一条新闻可以做图文也可做海报，传播力更强了。"房县融媒体中心记者李硕说。如今，在做活传统新闻存量的同时，中心做足短视频、H5、电子海报等融媒产品增量，以导向正、品位高、影响大的产品掌握舆论主动。比如，短视频《85岁老汉自编顺口溜颂党恩》播放量累计达到150万次；H5《@房县人 请接听奔涌而来的党员心声》阅读量达到50万次；无人机拍摄的系列短视频《飞阅新房县》被新华网、学习强国采用。

六、守正创新　赋能多元化发展

中心成立以来，先后组织开展了"直播送岗""消费扶贫你我同行——特色产品展销""游西关老街美景　赏房县特色文艺""餐饮安全　你我同查"等320余场次网络直播。在房县正月十三文艺大巡游中，房县融媒体中心启用新引进的4K超高清直播车，通过房县电视台、云上房县App、房县融媒视频号和抖音号等新媒体平台播出，网络观看人次累计超过3000万次，在网上引爆了房县旅游的热度，对外展示了房县的良好形象。而这些正是房县融媒体中心守正创新、不断优化媒体布局、协同推进"新闻+政务+服务+商务"的有效探索。

坚持"媒体+政务服务"。中心以云上房县App为依托，聚合县域线上线下资源，建设政务服务、便民服务窗口，从新闻媒体平台向城市生活智能移动平台延伸。目前，云上房县App已连接政务服务平台、新时代文明实践、志愿汇等端口，集纳公积金查询、交通违章查询、社保查询、水费缴纳、停电通知、医院挂号等34项生活服务功能，开设报料专栏，将政务、服务、问政等便民服务汇聚一体。

履行监督职责。打造舆论监督节目《作风监督面对面》百姓问政电视栏目，围绕群众关心关切的难点堵点问题，采取"电视问政+媒体监督"的形式，对群众身边具有代表性、普遍性、典型性的问题线索进行采访、曝光和现场问政。

坚持"媒体+商务"双轮驱动。利用自身直播平台技术，先后开展"我为农产品代言""乡村民俗年货节"等直播活动，在直播间向网友推广房县特产，以这种又"潮"又接地气的方式，投身助农行动，主动承担起促进线上消费和助农发展的媒体责任；成立文化传媒有限公司，承制各类宣传片、公益片、微电影、微视频，涉足竞赛比赛、文艺汇演等演艺活动，同步用声、屏、报、网进行集中宣传，最大限度激活"沉睡"的粉丝，发掘新用户，实现社会效益和经济效益的双丰收。

媒体融合发展任重而道远。房县融媒体中心将致力传递好声音，持续升级融平台，全面释放"媒体+"的新动能，努力实现全媒体、全流程联动融通，不断提升新能力、增创新价值、提供新服务、打造新品牌、推出新产品，为房县媒体融合发展赋能，以更加精彩的呈现、更加生动的表达，讲好房县故事！

作者及所属单位：
陈　勇　房县县委宣传部副部长、房县融媒体中心主任
田兰兰　房县融媒体中心办公室主任

融媒时代县级媒体转型的"深融合"路径探索与实践

——以湖北省公安县融媒体中心为例

王 俊 张 洁 冉 迪

2018年,习近平总书记在全国宣传工作会议上提出,扎实抓好县级融媒体中心建设,把"引导群众、服务群众"作为建设标准。长期处于行业边缘地带的县级媒体终于有机会进入政策关注的焦点区域,获得政策扶持的发展机遇。按照习近平总书记对县级媒体事业"融合发展关键在融为一体、合而为一"的指示,公安县融媒体中心以"以整尽整"的"充分整合"为原则,整合县内各类媒体资源(广播、电视、报纸、公安新闻网、微信公众号、微博、云上客户端、抖音号、城市大屏)。在建立健全全媒体传播矩阵的基础上,寻求深化转型的方式方法,锁定革新"内容生产"的大目标,明确服务社会的大前提,从剖析媒介生态、紧抓地方文化等方面入手,激活媒体深度融合的动力源泉,突出用户思维,把新闻内容与用户服务放在同一高度,逐渐摸索出一条县域媒体"深融合"发展的新路径。

一、县级媒体"深融合"的实践路径

(一)深化转型:内容生产与媒介生态"深融合"

作为基层媒体单位,移动传播时代的县级融媒体作为国家社会治理现代化体系中的重要一环,承担着服务基层社会思想政治文化工作的重要使命。能否真正发挥"引导群众、服务群众"的作用，关键在于面对互联网生态持续更新、变化加速的现状时，内容生产是否真的与媒介生态、地方文化、社会治理等发生"化学反应"，从量变到质变，从"单一融合"走向"深融合"。

1. 网络传播平台是落点

美国学者格雷厄姆·威廉姆森（Graham Williamson）认为，传播力是指传播者和受众成功对信息进行编码和解码的能力（Ability）；为达到高效的传播效果，传播者必须展示出一定程度的传播力（Capacity）。[①] 传播力包括传播的信息量、传播速度、信息的覆盖面及效果等。毋庸置疑的是，就当前传播态势而言，新兴的媒体平台无论是从信息量、传播速度、覆盖面还是影响效果都超过报纸、广播、电视等。因此，网络平台成为公安县融媒体中心内容生产的第一落点。在这一前提下，旗下的"孱陵在线"微信公众号、"今日孱陵"微博、"云上公安"客户端、"直播公安"抖音号等网络平台迅速上线。电视节目、短视频嫁接到新媒体平台"二次出海"，爆款节目层出不穷，点击率节节攀升。2022年，短视频《公安县发现大量豚草》浏览量3789.2万次；视频号浏览量2521.1万次。新媒体平台的运用不但扩大了新闻受众覆盖面，同时缩短了转化时间，传播速度和传播效果有了极大提升。

2. 网络话语体系是触点

网络传播平台为第一落点解决了传播内容"被看见"的问题，而受众是否"愿意看""愿意听"则取决于采用什么样的话语体系。如今网络文化盛行于各行各业，简化的、意会化的、表情化的、数字化的、流量化的网络新词特别容易被网络新生代接纳。中央电视台主持人的一句"地球不爆炸，我们不放假，宇宙不重启，我们不休息"引起广泛关注。"没有四季，只有两季，你看就是旺季，你换台就是淡季"使原本"板正乏味"的时政新闻多了些许"人间温度"。因此，顺应网络话语体系，受众才会"愿意看""愿意听"。2022年，《公安美食》

---

① 沈正赋. 新媒体时代新闻舆论传播力、引导力、影响力和公信力的重构 [J]. 现代传播（中国传媒大学学报），2016.

系列短视频一经播出就受到了广大观众的喜爱，节目主持人置身美丽乡村，就地取材，穿上日常家居服，使用方言俏皮话，让节目做到了老少皆宜，使本地观众产生共鸣，增加了节目的地方特色，节目上线首日就达到近万点击量。

3. 多样化传播方式是支点

互联网平台解决了"被看见"的问题，网络话语体系解决了受众"愿意看""愿意听"的问题，采用什么样的传播方式和手段，则一定程度上决定多少人看、多少人听、多少人互动转发、有多大影响力等问题。多样化传播方式成为提升传播力、引导力、影响力、公信力的支点。公安县融媒体中心不仅让视频、音频、H5等传播形式进行深度融合，还引进VR（虚拟现实）、5G智慧电台等新技术，使内容更逼真、更传神，让受众能在新技术手段的协助下更直观、更全面、更深入地体味新闻产品的含义。这些传播形式，自成热点，自带流量，为内容带来了看点，赢得了点击率，也进一步提升了内容的传播力。

（二）精耕本土：内容生产与地方文化"深融合"

费孝通在《乡土中国》中指出："从基层看去，中国社会是乡土性的。"即使现在中国进入了现代化建设阶段，地方文化的乡土性仍然深深根植于县域及以下的中国社会。县级融媒体中心作为基层社会治理枢纽，内容生产与地方文化应"同气连枝、同声相应"。

1. 目标受众以本土群众为重点

面对多元传播环境，受众呈现出分众化的特征，不同受众对媒介形式有着不同的喜好，对新闻内容也会有不同的需求。在明确了以服务本地群众为目标的原则下，公安县融媒体中心瞄准个性化需求，彰显本土特色，生产符合本土受众口味、能够激起共鸣的好内容好作品，进一步增强"引导群众、服务群众"的能力。2023年，公安人民广播电台成立了由代表听众和电台资深编辑、主持人组成的听评委员会，多方征求听众对广播节目改版的意见，明确了节目"优胜劣汰"和"调整创新"的思路。保留了《真情放送》《一路同行》等老牌优质节目，新增了针对有车族上班早高峰的直播节目《快乐出发》，真正将服务有用和好听快乐的节目呈现给听众。将电视栏目《民生零距离　有事找华仔》改版升级，协调党委政府职能部门，切实解决群众急、难、愁、盼的问题。

2. 内容生产以本土新闻为核心

县级融媒体中心立足县域，内容生产须接近本土。基于共同生活空间的传播内容，往往具有朴素、温情、接地气、富有本土生活特色等特点，易于实现传播的双向性、互动性，继而让受众对新闻内容产生认同感。精心制作的 MV《屠陵春秋》、公安版《成都》和《公安派美食》等节目加入常见的地方方言元素，生动展示了地方历史文化，深受本土百姓欢迎，点击量超 10 万。《寻访"小人物"》系列短视频，从身边常见的"送水工""外卖员""出租车司机"等对象中寻找新闻切入点，用拍摄电影的手法，着重构建报道人物与受众之间的关系，将所报道人物的精神通过最平凡不过的日常生活画面和语言传递到受众心里。

3. 品牌打造以引领地方文化为目标

在县级融媒体中心内容生产中，精耕县域而不局限于县域，立足本土而不拘泥于本土，方能与本土"同气相应"，与外界"遥相呼应"，不断扩大县级融媒体的本土引导力、品牌影响力、受众黏合力。受众的关注度、参与度越高，意味着融媒体中心传播力、引导力、影响力、公信力越强，反之亦然。引领地方文化、重塑地方文化，是公安县融媒体中心的重要目标之一，中心每年完成 30 余部专题片或纪录片。2023 年，与央视合作拍摄《记住乡愁》之《埠河——满园葡萄醉江南》，日观看量达到 20 万人次，"埠河葡萄"一时间成为公安县街头巷尾的热门话题，公安县对外知名度极大提升。

（三）发挥作用：内容生产与社会治理"深融合"

县级融媒体中心建设，不仅仅是构建主流媒体自主可控的新型互联网传播平台，还要把以平台为核心的现代传播体系打造成为新时代治国理政的新平台。要以引导群众、服务群众为方向，肩负推进国家治理体系现代化的重大使命，把县级融媒体中心建设成为我们党的执政体系中，离互联网最近、离大数据最近、离人民群众最近的一支骨干力量。

1. 深化舆论监督，架起县域治理的"耦合器"

一方面，公安县融媒体中心通过正面引导，宣传党的理论、阐释大政方针、传播核心价值观，巩固壮大主流思想舆论；另一方面，通过开展舆论监督推动政府部门解决社会发展中存在的问题。开设舆论监督类栏目，发挥媒体监督作用，快速有效回应百姓诉求，成为提升收视率、收听率、点击率的一大利器。电视问政节目每季度一期，节目框架由暗访短片、现场问政、市民嘉宾代表当场亮牌测评满意度、专家点评、领导总结等环节组成，每期涉及8个主题，"尺度"把握适度，"辣味"充分够味，让被问政部门和干部接受服气，受到广大人民群众的极大关注。电视栏目《民生零距离　有事找华仔》，采用"事事关心，专事专办"的方式，跟踪督促事件办理进展及成效，帮助群众解决30余件难事。舆论监督深度介入县域治理，形成了"群众—媒体—政府"之间对话互动的良性循环。

2. 参与社会治理，做好政务服务的"服务器"

在客户端平台引入政务服务，成为公安县融媒体中心参与地方社会治理的常见模式。如"云上公安"客户端、"孱陵在线"微信公众号、"直播公安"抖音号专门设有政务服务、生活服务、社会治理三大服务专区，开辟了生活专栏，包含房产信息、招聘求职、二手交易、本地商家、信息发布、咨询投诉等，极大地增强了受众对客户端的黏性。社会治理从线下延伸到线上、多端归拢为一端，极大地提升了融媒体中心的公信力和影响力。

3. 携手文明实践，打造公益帮扶"加速器"

统筹推进县级融媒体中心和新时代文明实践中心建设，让"两个中心"深度融合，相互借力，打通服务群众的"最后一公里"。公安县融媒体中心依托融媒体指挥平台，建立并开通"新时代文明实践云平台"，对志愿者、组织团体的注册，群众点单服务活动的开展，现场照片、服务时长等进行全流程统一管理。充分发挥"孱陵志愿者"小程序手机点单功能，开展志愿者承接各类服务及帮扶活动，发挥宣传效果和教育群众的一体效应，为加快建设文化公安提供强大的思想动力和精神鼓励。

二、"深融合"面临的问题

根据前文所述,"深融合"是当前进一步增强"引导群众、服务群众"能力的必要做法,是提升新闻舆论的传播力、引导力、影响力、公信力的重要途径。但是,在"深融合"的进程中,也存在诸多问题。

(一)内容生产与媒介生态的"深融合"亟待加速

1. 对媒介环境适应能力"不够强"

当下,技术更迭加速,媒介环境变化迅猛。但是在内容创作和节目设置上仍延续着传统媒体思路,传播理念并未适应互联网媒介生态。平台多样化与内容生产能力不足并存,热点更迭加速与表达能力欠缺的矛盾频现。这在客观上延缓了内容生产与媒介生态的"深融合"进度,也影响了公安县融媒体中心的融合进程。

2. 对人才引进力度"不够强"

2016年2月,习近平总书记在党的新闻舆论工作座谈会上强调,媒体竞争关键是人才竞争,媒体优势核心是人才优势。网络和数字技术的高速发展,带来信息传播方式的根本性变化。为了适应这些变化,融媒体中心从引进先进技术和创新管理模式上做了改革,但"功以才成,业由才广",未来发展需要更多的人力资源支撑。人才缺乏是造成融媒体中心发展动力不足、优质内容短缺的重要原因。如何吸引复合型人才、留住本地人才,解决人才队伍建设问题亟须实现突破。

(二)内容生产与地方文化的"深融合"大有可为

1. 贴近群众方面可近些再近些

媒体必须有媒体的属性,不仅是政府信息的"分销渠道",更是和居民"脸贴脸说话"的社区话匣子，民间的喜怒哀乐等着我们去传播。长期以来，转作风、改文风、密切联系群众，打造一批群众喜闻乐见、有传承、有历史的地方媒体品牌，不断丰富其内涵，持续扩大其本土影响力一直是我们孜孜以求的目标，且仍有较大的空间。

2. 引领地方文化发展可发力再发力

由于人才匮乏、资金不足等原因，融媒体中心对引领地方文化发展积极性不高、主动性有限，在对地方文化的深入挖掘、发展创新上动力不足。未来，实现内容生产与地方文化的"深融合"，进一步提升本土影响力，还需我们持续发力。

(三) 内容生产与社会治理的"深融合"亟待深化

1. 参与基层社会治理"动力不足"

参与基层社会治理，这是党和国家对县级融媒体中心发展的要求，也是县级融媒体中心建设的题中应有之义。然而现状是，我们仅仅完成了党和国家交给的信息传达的任务，参与社会治理刚刚起步，深度参与社会治理动力不足，主动性仍待进一步加强。

2. 发挥社会治理作用"劲道不足"

当前，融媒体中心参与本地方社会治理的积极性不够，以舆论监督方式推动社会治理的优秀案例仍是少数。以常见的舆论监督报道为例，在开展舆论监督时存在"老好人"思想，上级主管部门没有要求，不主动开展监督；不与被监督部门通气，不启动舆论监督；对于"老大难"问题，不纳入监督范畴等，监督少了"辛辣味儿"，缺少让相关职能部门"红红脸、出出汗"的勇气，舆论监督成效大打折扣，公信力、引领力也因此受损。

三、结　　语

县级媒体融合是在互联网传播环境下，建设现代传播体系的一项基础性工作。加快推进媒体融合，是县级融媒体中心唯一的出路。面对新时代赋予基层媒体的新机遇和社会大众对媒体的新需求，公安县融媒体中心紧跟"融合发展"的政策指引，牢牢把握"内容至上"的重要性，将"内容从群众中来"成功转变为"内容从群众中来到群众中去"，经过不断改革创新，新闻内容生产与媒介生态、地方文化、社会治理等成功发生"化学反应"，从"相加"阶段迈向"相融"阶段。近年来，公安县融媒体中心的发展有目共睹。2020年，在全国县级媒体微信百强排行榜中位列第4名，从2021年开始连续3年获得湖北十佳政务新媒体的称号，这是满足新需求、赢得新市场的能力体现，也将一直鞭策公安县级融媒体中心不断前行。

作者及所属单位：

王　俊　公安县融媒体中心总编辑

张　洁　公安县融媒体中心副主任

冉　迪　公安县融媒体中心办公室副主任

做强本土传播　做优群众服务
——以随县为例浅议县级融媒体中心建设

雷少军　高　峰

习近平总书记指出："要扎实抓好县级融媒体中心建设，更好引导群众、服务群众"①。这不仅从国家战略层面提出了县级融媒体建设的发展方向，也指出了县级融媒体中心肩负的职责使命，那就是更好引导群众、服务群众。

当前，大众传播正在发生着前所未有的、带有根本性的变革，开始出现分众化传播趋势。实际上，在这一背景下，媒体融合正是传统媒体迭代升级、传播版图重构、重新定义传播力的内在要求。县级融媒体的兴起，正好填补了媒体变革期宣传思想工作在县域最基层尤其是广大乡镇可能会留下的真空地带。

撇开县级融媒体平台同样具备的广域传播功能，更直接地服务本地居民群众，是作为一种地域性更强的官方新媒体平台所具备的强大优势。

随县位于鄂北豫南，地处江淮分水岭，版图面积5543平方千米，是全省第一版图大县，辖19个镇（农场）、2个省级风景名胜区和1个省级经济开发区，总人口92.7万人。

面对县域面积大、城镇化水平不高、农村人口占比大等情况，如何推动党委、政府的法规政令在广大农村地区落地生根，让党的声音在基层干部群众中传达，这是随县融媒体中心建设和发展面临的一个现实课题。

2019年，在全国推进行政机构改革的背景中，随县融媒体中心应运而生，并于2019年5月22日挂牌，其主要职责是围绕县委、县政府中心工作，组织和开展全县融媒体新闻宣传舆论引导工作。

---

① 习近平.论党的宣传思想工作［M］.中央文献出版社，2020：340.

随县融媒体中心为县委直属公益一类事业单位，正科级，归口县委宣传部领导，核定公益一类事业编 10 人，属财政全额拨款事业单位。目前，在编在岗 8 人，"以钱养事" 5 人，2023 年预算经费 199 万元。

成立之初，随县融媒体中心没有县级广播电视台和县级报刊社等传统媒体，宣传队伍人才十分缺乏。经过四年的发展，随县融媒体中心以建设打造新媒体平台为主抓手，强化人才培训和引进，积极构建以本土化为特色的新时代县级融媒体格局，大力推进内容创新，传播形式创新，让融媒体快速强起来，在更好引导群众、服务群众的传播实践中，使基层媒体的传播力、引导力、影响力、公信力得到不断提升。

一、建设全媒体传播体系，塑造主流舆论新格局

（一）组建融媒矩阵，打通核心资源上下行通道

聚焦移动端，全面打造集"网、端、微、屏"等于一体的新型传播平台，实现"一端两微多平台"融媒矩阵，推动信息内容互融互通。重点做强"随县发布"微信公众号、云上随县客户端和"村村响"广播，以此为依托逐步扩张视频号、抖音号、头条号、微博等平台的内容输出，并联动 30 余个开通微信公众号的镇（场）、部门对重要信息进行统一推送，形成平台互通、资源共享、主辅配合、各有特色、同频共振的融媒矩阵。

对上加强沟通交流合作，先后入驻了湖北广电长江云、央视新闻、人民日报、湖北日报、云上随州等主流媒体客户端平台，每年报送各类新闻资讯 2000 余篇，有效提升了随县在全国、全省的知名度和美誉度。

对内加强互联互通。"预计未来一周除 13 日有短时小雨外，其余时间以晴好天气为主……"轻车熟路地打开"应急广播"手机 App，输入一段文字后，不到一分钟时间，身边的"村村响"广播喇叭传来清晰的天气预报播报声。"大家好，我是随县档案馆主播丁奥，今天要和大家分享的是党史故事《随县第一个党小组和第一个党支部的成立》。随县党组织的建立与发展，同湖北乃至全国共产主义运动的形势密切相关……"广播声一响，随县档案馆与随县融媒体中心联合

制作的党史宣传广播栏目《讲好随县红色故事》，依托全县"村村响"平台，将一段段感人的党史故事传到田间地头，送进群众心里。随县融媒体中心通过大喇叭终端播放灾害预警及防护、红色故事、惠民政策等信息，实现应急信息全时段、全方位精准发布，发挥保安全、安民心、聚民心的"大作用"。

（二）坚持移动优先，创新新闻宣传报道形式

把握时间节点，强化专题开设、内容创作，积极策划推出一批有深度、有黏度、生动鲜活的新媒体作品；聚焦阶段性重大主题，坚持在贴近群众上下功夫，善于运用短、活、新的打开方式，将图文领域的深度化优势转化到短视频上来，努力创制一批指尖上的"现象级"精品，打造一批内容精准、创意新颖、用户喜欢的新媒体品牌，真正实现以最快速度吸引受众眼球；强化 H5 等技术手段运用，在产品设计、阅读体验、内容呈现上创新传播手段和话语方式，整合全媒体资源，充实产品生产力量，加快提升移动短视频创作的质量和水平。充分运用文字、图像、图表、网页、动画、声频、视频等多种媒体表现手法，实现为用户提供电脑、手机等多种终端融合接收的传播网络。

图 1　随县发布推送短视频《花开了，你回来吗》

（三）探索服务模式，打通服务群众"最后一公里"

积极参与智慧政务、数字政府等建设，整合党政部门信息资源，融入地方政

务、公积金查询、医疗教育、科普公益等公共服务项目，坚持党媒公共服务主阵地的基本定位，扎实做好民生栏目、应急广播等惠民服务和公共文化服务，争创一批优秀公益广播栏目，积极开展灾害预警、政务信息、便民服务等公共信息服务，大力提升服务能力，打造随县涵盖最广、业务最强的服务平台，持续提升主流媒体服务的传播力、引导力、影响力、公信力。其中，疫情期间，随县融媒体中心积极运用"村村响"，每天通过定点、定时广播，为全县335个村的基层群众上了一堂堂疫情防控知识"普及课"，让疫情防控政策、防护知识等信息第一时间传到千家万户。

二、坚持"内容为王"，扩大媒体融合发展供给优势

党的新闻舆论工作事关贯彻落实党的理论和路线方针政策，事关顺利推进党和国家各项事业，事关广大人民群众凝聚力和向心力。作为最贴近基层、贴近群众的媒体，随县融媒体中心坚持弘扬主旋律、传播正能量、成风化人、凝心聚力，让正能量更强劲、主旋律更高昂。

（一）聚焦核心，做深做实主流舆论

随县融媒体中心始终坚持以习近平新时代中国特色社会主义思想为指导，紧紧围绕县委、县政府中心工作，突出抓好选题策划和主题宣传，先后开设了《学习贯彻习近平总书记重要讲话精神》《深入学习贯彻党的二十大精神》《学习贯彻省党代会精神》《创建国家全域旅游示范区》《香菇产业高质量发展》《强县工程》《共同缔造》《创卫在行动》等21个专题，开辟了"新时代文明实践在随县""乡村振兴看随县""优化营商环境""疫情防控""镇长带你看项目""小闯带您游随县""安全生产"等35个专栏，有效确保了宣传方向明确、宣传重点突出、宣传效果明显。

"随县发布"微信公众号每年编发400余期1200余条（篇）新闻稿件；"云上随县"App编辑、转载、发布各类新闻5000余篇；视频稿件被央视采用3次，原创图文稿件每年在学习强国上稿70余篇、湖北日报上稿200余篇、湖北广播电视台上稿100余篇；通过视频号、抖音号等新媒体每年发布作品200余个，其

图 2 作品《柳林，在你我的双手中恢复活力》荣获 2021 年度长江云好新闻一等奖

中原创视频 100 余个，点击量近千万次，产生了良好的社会效应。其中，随县融媒体中心向湖北省广电局报送的《绽放在阿尔及利亚的沙漠玫瑰》，获得 2021 年度广播电视公益广告扶持项目广播类三类优秀作品，并获得政府资金扶持；报送的网络新闻专题《柳林，在你我的双手中恢复活力》、评论《我们的庙会 人民的节日》，分别获得 2021 年度长江云好新闻一等奖和三等奖。

此外，协助湖北日报、湖北电视台等省级媒体完成"县委书记纵横谈""省党代会书记访谈""荆楚有好物"等大型活动，均取得圆满成功。

（二）聚集力量，做优新媒体视频产品

随县融媒体中心从融合用户需求和互联网思维出发，强化内容创意，以短视频、MG 动画等，不断丰富新闻产品表现形式，努力打造受众喜爱的"爆款"新媒体产品，获得了本地受众的好评。其中，民生类视频《柏树湾村分红》获得 4.4 万播放量；服务类视频《疫情防控，我们在一起》获得 14.4 万播放量；文旅推介类短视频《神农部落谒祖地》获得 4.6 万播放量；社会类短视频《消防员"毽子操"》获得 4.5 万播放量；机构合作类短视频《平安建设测评》获得 16.9 万播放量。这些全媒体视频作品一方面在县域范围内和相关领域内产生了很好的宣传效果，另一方面也为融媒体中心转型成为一家本土化、立体的、多元的新媒体内容提供商打下了坚实基础。

（三）聚合资源，做响重大新闻全网传播

在全新的融媒体时代，信息的传播具有多样化，传播速度更快、信息传播质量更高。因此，要想进一步提升本地新闻传播有效性，必须从基层大众角度做优本土新闻，始终坚持内容为王和原创生产，挖掘本地资源，努力生产带有本地泥土气息的新闻产品。通过精心策划，采集制作出一批具有故事性、更加生动、更加活泼、更具震撼力的视频作品，并取得了超出预期的传播效果。2022年8月，随县融媒体中心记者从公安部门得知6岁被拐随县男孩万长平35年后回家认亲这一新闻线索后，认识到这是广大网友非常关注的话题，于是迅速报告，后经编委会成员分析研判，认为该事件在宣传法律、打击拐卖、唤醒人性等方面有着深刻的教育意义，于是迅速进行专题策划，组建采访小分队，围绕"万长平寻亲"这一事件，一方面积极联系联动主流媒体长时段跟踪报道，另一方面通过随县融媒体中心抖音号、随县发布微信公众号、云上随县App、村村响智能广播等平台，在认亲前发出直播预告、认亲中进行全程直播、认亲后持续关注，对该事件进行了深层次、多角度、全方位报道，这一创新模式受众参与度高、互动频繁，得到了广大网友的一致好评，并营造了"人间至味是团圆"的浓厚氛围。其间，随县融媒体中心直播3小时，发布视频6条、图文通讯3篇，累计播放量近千万，该事件在短时间内获得全网关注和推送。

在活动举办方面有以下成功案例：2022年12月，承办了全省第三届森林火灾应急演练及竞赛活动，活动接待了全省18个地市州18支专业森林消防参演队伍，共计500余人次，演练活动获得了省、市、县各级领导高度赞誉；2023年3月底，承办了中国·随县石材行业招商签约暨绿色循环经济产业园开工仪式，活动接待了来自全国各地石材行业的企业家、参展商等，共计600余人。2023年以来，承办了大型活动6场，相关主题和活动的直播影响力与其他平台相比也毫不逊色。如"随县融媒体中心"官方抖音号直播"万长平35年寻亲路，一起见证团圆时刻"，观看人数约70万人；2023年3月17日，"随县融媒体中心"官方抖音号直播"2023年中国随县尚市桃花文化旅游节"，在线观看人数约9万人。

三、强化体制机制创新,激发宣传队伍生机活力

随县融媒体中心坚持管建并举,大胆突破,锐意创新,健全全媒体绩效考核,用好项目制、工作室、产品事业部等多种内容生产组织和运营方式,打造自有优质网生内容、网红队伍,形成品牌集群。积极探索人才引进和培养的改革发展之路,夯实融媒发展的根基。重点在编审机制、人才引进机制、全媒体绩效考核机制、激励奖励机制、机关管理机制等方面探索研究,为新闻安全播出、紧缺急需人才引进、员工工作积极性和规范性建设上,提供发展平台和机制保障,激发发展活力;探索与国内大型自媒体企业、随州地区专业院校在新媒体方向的三方合作机制,促进人才队伍、商务平台、业务范围做强做大,辐射全省全市;加强县域融媒体人才和团队培养,完善"外送学习、技能比武、实战锻炼、特约记者"等多层次人才培养机制,努力促进中心及各地各部门业务骨干在传媒新知识、新技术、新应用等方面能力素质快速提升。

(一)强化顶层设计,创新体制机制

随县融媒体中心把事业建设作为党的意识形态工作责任制的重要内容,在人才队伍、资金保障、薪酬待遇和运作规则等方面落实到位。出台《随县融媒体新闻工作指南》,引导现有人员向全媒记者、全媒编辑转型。建立科学民主、公平公正的工作绩效评价机制和创先争优、奖惩并重的激励机制,实施目标绩效考核方案、稿酬管理办法等措施,实行"多劳多得、优绩优酬"制度。

在全媒体人才培养和机制创新举措方面,探索挂职代训等人才塑造模式。探索内部强基、挂职代训、集中培训的内外兼顾专业人才培养体系。针对新闻宣传点多、线长、面广的特点,鼓励各镇(场)、各县直部门选派宣传骨干,到中心跟班学习2~4周或参加中心的短期强基集训,既提高业务技能、破解人才瓶颈、壮大全县宣传矩阵,打造一支县域综合素质高的宣传队伍,又一定程度缓解中心人才短缺现状。同时实行责任包保划片,围绕县委、县政府中心工作,对强县工程、三抓一优、"5511"产业体系等重点工作版块及全县20个乡镇、73个县直部门进行划片,设置重点工作、重点领域、重点项目宣传专员,通过责任上肩、

整体谋划，提高宣传工作的系统性、针对性、有效性、靶向性。

重建中心管理制度，用制度管人管事。截至目前，已草拟《财务管理制度》《工作人员考勤管理办法》《编审制度》等规章制度 11 项。

（二）强化激励机制，激活全员内生动力

每月评选 100 篇原创优秀作品并发放激励稿酬。稿酬分三个等次：一等奖 10 件，二等奖 30 件，三等奖 60 件。与此同时，实行积分制绩效考核，鼓励记者、编辑采写、创作优质稿件并向上级平台投稿，被市、省、国家级主流媒体的党报党刊、电视台（网）采用，按不同等级进行积分奖励，再根据每月实际情况，将积分转化为绩效工资进行发放。

（三）强化业务培训，打造全媒体队伍

结合全县"四个一"活动，每月组织培训 4 次以上，形成专项学习常态化；探索实践特约记者、特约主持人机制，扩大新闻线索收集、大型活动筹办力量，组织业务交流分享，向省市媒体派送业务骨干学习。

新时代融媒体能力建设是县级融媒体中心的一项长期任务，在加强平台打造、内容生产、队伍建设、融媒服务的实践中，必须更新思维、创新手段、革新技术，努力提升"四力"，不断推陈出新，才能完成好县级融媒体中心的职责和使命。

作者及所属单位：
雷少军　湖北广电驻随州融媒体记者站站长、随州市委宣传部副部长
高　峰　随州市委宣传部副部长、随县融媒体中心主任

多维出击 精准发力
——南漳县融建设赢在起跑线路径解析

赵 晨 张 季 莫小林

习近平总书记指出:"要扎实抓好县级融媒体中心建设,更好引导群众、服务群众。"① 从国家战略层面给出了县级融媒体建设的发展方向。

扎实推进县级融媒体中心建设,是党中央提出的任务和要求,也是县级媒体融合发展的必然选择和重要机遇。从南漳县融媒体中心6年的媒体融合实践来看,在引导群众、服务群众,筑牢党的思想宣传工作以及联系基层群众的基石等方面,县融媒体中心发挥了不可替代的作用。

2019年3月25日,南漳县融媒体中心挂牌成立,由原南漳广播电视台、县网信办及原楚天视讯南漳分公司部分回流人员融合而成,属县委直属正科级公益一类事业单位,主要承担全县新闻宣传、网络舆情监测、政务信息公开以及广播、电视、网络建设运维等职能,共设19个内设机构,运营"云上南漳"App、南漳新闻、"南漳发布"微信公众号、视频号、抖音号等11个媒体平台。

近年来,该中心秉承守正创新原则,紧紧围绕"做大做强基层主流舆论"目标定位,建立新模式,激活新机制,发展新业态,在媒体融合、服务地方经济社会发展上取得了一定成效,在区域内有影响力的主流媒体品牌打造上做出了一系列有益的探索。

---

① 习近平. 论党的宣传思想工作 [M]. 中央文献出版社,2020:340.

一、用好"媒体+",建立四种模式

结合自身实际,在媒体融合实践中,南漳县融媒体中心创新服务模式,全力推进平台建设和媒体深度融合,提升融媒体平台服务民生、服务基层治理功能,架设政府和群众的"连心桥"。

一是建立"媒体+文明实践"模式。依托"云上南漳"客户端,打造"南漳版"新时代文明实践志愿服务平台,赋予活动管理、点单评单、积分管理等多种功能,实现了媒体引领+7.4万多名志愿者互动+30多万群众参与的发展格局。

二是建立"媒体+网信"模式。南漳县融媒体中心由原南漳广播电视台、县网信办融合而成,所以还承担着网络舆情监测处置等职能。该中心充分发挥承担网信管理职能的优势,把媒体宣传与舆情处置有机融合,用好用活。一方面,及时回应群众关切,树立媒体公信力;另一方面,从中发现新闻线索,深入宣传,扩大了媒体影响力。影响力的扩大又促进了群众反映问题的有效解决。达到了相互促进、相辅相成、相得益彰的效果。

三是建立"媒体+政务"模式。该中心积极探索媒体参与基层社会治理新路径,"城乡治理随手拍"活动成为当地推进社会治理的重要抓手,好评如潮。"城乡治理随手拍"依托当地最有影响力的微信公众号"南漳发布"搭建线索征集平台,面向全县百姓征集城市管理和乡村治理中存在的九类突出问题,全县74个部门(镇区)根据各自职能职责限时整改,办理结果由"南漳发布"向大众反馈。该活动解决了一大批老百姓"急难愁盼"问题,引得市民积极参与和广泛好评,搭起了党委政府与群众的"连心桥"。

通过"随手拍"平台,逐步扩大了部门与群众"共建、共治、共享"的参与面,延伸了社会治理"末梢触角",有效破解了社会治理中"看得见的管不了,管得了的看不见"的难题,彰显了县级融媒体中心网格化、信息化、智能化的特色,被学习强国、新华社、湖北日报、长江云等媒体先后报道。2022年,在襄阳市"我为群众办实事"实践活动百佳案例评选中,《城乡环境"随手拍"探索治理新路径》案例获评一等奖;在"2022年湖北省媒体融合创新案例评选"活动中,《"媒体+服务"的生动案例:南漳县融媒体中心参与基层治理展作为》

荣获"服务群众类最佳案例""网络人气奖"两项大奖。因为这一案例,"南漳发布"微信公众号被湖北省委网信办评为"2022年度百佳新媒体账号",被襄阳市委网信办评为"优秀新媒体账号"。

四是建立"媒体+服务"模式。该中心整合本地企业、商业互联网平台、服务网点、旅游景点等县域经济社会资源,依托"云上南漳"客户端"服务"窗口,开通"智慧生活""交通出行""便民查询"等便民服务项目,实现本地资讯、公共服务、商业信息等各方面信息顺畅流通,满足基层群众需求;建立微信矩阵,对县域内微信公众号进行集群展示和管理;开设"党史微课堂",引导全县5万多名党员参与日常学习。目前,"云上南漳"已经逐渐成为南漳人民日常生活的重要信息工具。

二、完善新机制,激发人才潜力

近年来,在积极引导全体干部职工转变观念、奋发进取的同时,南漳县融媒体中心出台一系列考核评价、薪酬分配、人才激励措施,激发了干部职工干事创业的内生动力。

一是深化机构改革。在部门结构上,优化力量配置,将原有的23个部室重组为指挥、采编、发布、播控"四大中心",实现条块融合、点面联动、共建共享。大幅压缩了管理人员,坚持力量向业务一线倾斜,一线工作人员占比达70%以上。在选人用人上,打破条条框框,大胆启用德才兼备的骨干力量,在县委的重视和支持下,先后提拔了3名中层正职进入融媒体中心党委班子,2名班子成员先后升任总编辑。在中层干部任用上,实行"全员竞争上岗",做到能者上、平者让、庸者下。先后有20多名优秀中青年人才走上中层正职和副职岗位。晋升晋级上,完善专业技术职务聘任制度,打通职称晋升通道,目前,有新闻专业技术高级职称6人,中级21人,初级20人,六级职员2人,七级职员2人。出台《首席记者、首席播音员评聘办法》,实现辅助岗位人员与在编人员岗位选聘、职称晋升、待遇享受的一视同仁。目前,已选树首席记者6人、首席播音员2人。

通过系列体制机制创新,打通了干部职工职业进步的通道,调动了现有队伍的积极性。

二是推行绩效考核。以工作业绩论英雄，让能者得实惠。在考核机制上，向新闻采编一线倾斜，向新媒体作品倾斜，向对上对外宣传倾斜。对采编、营销两个一线，在基本工资外拿出110万元设立专项资金池，推行"全员绩效考核"，上不封顶，下不保底，鼓励大家"跳起来摘桃子"，让有能力、能干事、干成事的人有为有位、"名利双收"。一线采编人员月收入差额最高达8000多元，激发了员工干事活力。同时，设立外宣质量、优秀作品、优秀短视频等多项奖励，月度创作短视频作品最高达60多件。

为提高外宣作品质量，该中心积极破解对外宣传工作瓶颈，畅通内外联通机制，构建"三个三分之一"的内容生产体系，即新闻产品三分之一来自记者自采；三分之一来自自创精品；三分之一来自基层通讯员。通过资源通融、内容兼融、宣传互融，促进内宣外宣"合而为一"。针对人民日报、新华社、中央电视台、学习强国等央级平台，出台了一对一的考核奖励机制，有效提升了新闻外宣工作质效。2019年，中央、省、市级媒体采用南漳稿件4202条。2020年外宣用稿36975条，总量是上一年的9倍。央视用稿19条，创历史之最。2021年，外宣用稿39268条，央视用稿32条，创历史新高。2022年外宣用稿64746条，央视用稿45条，两次登上新闻联播，实现了融媒体中心成立以来零的突破。2023年，外宣用稿64819条，央视用稿47条，3次登上新闻联播，湖北广播电视用稿位居全省第一；2024年，外宣用稿58353条，央视用稿43条，两次登上新闻联播；湖北广播电视用稿406条，用稿量再次位居全省、全市第一。

此外，该中心抢占短视频风口。要求记者外出采访60%的新闻都要生产出短视频。每月评选出10条优秀短视频，对创作者予以专项奖励。同时加大向外推送力度，与移动、联通等运营商合作，以彩铃形式进行推广，每三天更换一次，每年群发短信、彩信400多万条，既激励了记者的创作活力，又提升了媒体的影响力。6年来，该中心多个短视频被人民网、新华社、中央电视台、学习强国、北京电视台等平台采用，在新华社推广的短视频多次入选新华社颇具影响力短视频10强榜单前三名。新华社新闻信息中心、新华社县级融媒体研究中心联合发布2022年优秀案例和新媒体平台优秀作品，南漳县融媒体中心两次荣登"全国县融中心央地联动优秀案例"TOP10榜单。

三是打造专业团队。通过建立全员内部轮岗、全程跟踪培养、"周末大讲堂"岗位培训等机制，各部室每周开展两次以上的业务培训，实现了所有人员至少两个岗位工作经历的目标，同时，关键岗位全部实现梯队跟进和人才备份。在团队建立上，根据采编人员的各自兴趣、特长等实行自由组合，先后组建5个攻坚小组，攻克新闻外宣制高点，涌现出"方苈娅工作室""漳视频工作室"等多支新锐团队。

在强视频、强外宣的同时，该中心还练强时政新闻宣传队伍。2021年以前，该中心的时政新闻只求不出错，创新意识不强。2021年6月，南漳县新任县委书记罗兴斌同志到任后，坚持担任南漳时政新闻的"夜班编辑"，每天深夜结束繁重的政务工作后，都会抽空修改稿件。融媒体中心以此为契机，及时开展"时政新闻提质增效攻坚月"活动。通过强"四力"、转作风、改文风，目前，该中心的时政新闻标题更新颖，内容接地气，文字冒热气，形式更鲜活。

三、发展新业态，增强造血功能

在媒体融合实践中，南漳县融媒体中心重新思考自我角色定位：既当好党的"喉舌"，做新闻的发布者，又强化自身"造血"功能，做效益的创造者，实现融媒体发展的良性循环。

一是搭建"小布商城"。2020年疫情期间，南漳县融媒体中心依托官方微信"南漳发布"，搭建电商平台小布商城，抽调14名党员组成快递小哥队伍，免费为群众配送生活物资2.2万多单，为保障疫情期间群众正常生活发挥了重要作用。之后，按照县委、县政府打造"南小漳"旅游商品品牌的要求，融媒体中心培育建成"南小漳"线上线下旅游商品旗舰店，精选县内110多种优质农产品，入驻"南小漳"旅游商品旗舰店，统一采购、统一质量、统一包装，线上线下统一运营，为南漳有机农产品打开广阔的销售渠道。

二是承办节庆赛事活动。随着南漳县融媒体中心影响力的不断提升，当地县委、县政府将重要的节庆活动、"三集中"活动交给融媒体中心举办。近年来，先后举办了有机年货节、樱桃采摘节、农民丰收节、乡村马拉松、中华垂钓大赛、有机茶文化节、南漳楷模南漳百杰颁奖暨春节晚会等一系列有影响、有成效的节庆赛事活动。每一场活动，县委、县政府主要领导都会出席活动，为南漳代言。2022年南漳第五届有机采摘节和2022年有机茶文化旅游节，该中心邀请中央、省、市媒体走进南漳，借船出海、借梯登高效果明显，累计吸引600多万人次参与互动，进一步唱响了"心氧氧 去南漳"和"襄阳好风日 醉美金南漳"文旅品牌。

三是创新优化节目形式。通过合办栏目、承办大型活动、营销推广、打造品牌等多种形式，先后与60多家单位开展合作，探索践行"媒体+N"的新媒体宣传模式，致力打通服务基层、服务群众、服务经济发展的"最后一公里"。与县文化和旅游局合作，通过"媒体+文旅"的形式，唱响"心氧氧，来南漳"的旅游品牌。中国旅游报以《"美""媒"与共 让"金南漳"美名远扬》为题，长篇幅报道了南漳"媒体+文旅"工作经验；2023年2月，南漳文化旅游荣获楚治2022荆楚杯文化宣传创新案例奖；与县农业农村局合作，"媒体+三农"为农业产业发展、乡村振兴和推动共同缔造美好环境与幸福生活营造了浓厚氛围；与县公安局合作，"媒体+公安"为东巩镇派出所创建"枫桥式派出所"助力，展现南漳公安一心为民的良好形象。

通过一系列新业态拓展，有力增强了融媒体中心的造血功能，反哺了新闻宣传工作。舆论生态、媒体格局、传播方式都发生着深刻变化。

融媒体发展就是一场追赶时代的"马拉松"，停滞不前就会落后，甚至被淘汰。南漳县融媒体中心虽然在前期摸索出了一些经验，但也暴露出工作中的不少问题，严重制约县级媒体融合发展。具体体现在三个方面：一是互动交流存在短板。随着互联网的快速发展，用户以手机为终端获取信息已成为首选。虽然，以微信公众号《南漳发布》和移动手机客户端《云上南漳》为代表的新媒体在全县快速推广并广泛应用，但两个平台的信息发布功能较强，受众与媒体的互动交流却远远不够，存在"剃头匠的挑子——一头热"现象，服务民生、服务基层治理的功能需要进一步强化。对此，要推动新媒体的互动交流功能，使其成为双向交流的对话平台。同时，增强新媒体的服务功能，使民众的诉求能够得到回应，相应的需求能够实现对接，让融媒体平台成为获取服务和信息的重要渠道。二是人才队伍"青黄不接"。由于受地域发展平台限制，人才吸引力有限，造成人才紧缺且"青黄不接"，人才队伍稳定性差，特别是一线记者流动性大，成为制约融媒体中心发展的重要因素之一。必须实行更加积极、开放、有效的用人机制，在新闻人才引进和招考制度上"特事特办"，"不拘一格降人才"，破解人才匮乏，影响事业发展的"瓶颈"。三是自我"造血"功能仍然不足。资金支持不足也是影响融媒体中心建设发展的重要因素。融媒体发展中，新技术应用、平台终端建设、人才队伍建设等都离不开资金支持。但应对的措施和办法还明显不足。一方面，必须最大限度地争取党委、政府的支持；另一方面要在跨界发展上"开疆拓土"，积极构建融媒体中心经营多元化格局，持续推动事业产业发展良性循环，不断增强"造血"功能。

作者及所属单位：

赵　晨　南漳县融媒体中心党委书记、主任

张　季　南漳县融媒体中心副主任

莫小林　南漳县融媒体中心办公室副主任

县级融媒体中心的破圈突围路径探析

——以红安县融媒体中心转型发展为例

黄发成　蔡　威

党的二十大报告明确提出,加强全媒体传播体系建设,塑造主流舆论新格局。习近平总书记多次对媒体融合发展作出指示批示,指明了媒体深度融合创新的方向。全国各地各级媒体顺应媒体融合发展趋势,从渠道开辟、平台打造、内容创新、人才培养等多维度进行了探索与尝试。总体来看,融合模式创新、内容资源优化、融合路径整合等是各地各级媒体开辟融媒体发展之路的重要举措。随着媒体融合发展的进一步深入,不可避免地遭遇瓶颈、凸显出或多或少的问题。本文以红安县融媒体中心转型发展为例,从平台、管理、渠道、内容等角度剖析当前县级融媒体中心在推进融合发展中的障碍、瓶颈问题,并在借鉴兄弟单位媒体融合发展和运营成功经验的基础上,探析破圈突围路径,为县级融媒体中心的全媒体传播体系建设、推进媒体深度融合发展提供参考。

一、推进媒体融合的动因

(一) 媒体业态的剧变

2022 年 5 月,人社部等四部委发布《关于扩大阶段性缓缴社会保险费政策实施范围等问题的通知》,将广播、电视、电影和录音制作等 17 个特困行业纳入阶段性缓缴养老、失业、工伤保险费政策实施范围。原本"高富帅""白富美"的广播电视媒体,如今成了"特困户"。被纳入"特殊照顾对象",背后折射出广播电视媒体行业经营的困境。以红安县融媒体中心(以下简称红安融媒)为例，全中心在职 119 人中，全额财政供给仅 21 人，可谓人员多，财政供给少；运行维护成本高，经营创收压力大，传统广告收入呈断崖式下跌，降幅超 60%。媒体经营如此艰难，接下来该怎么办？

人工智能、大数据、"互联网+"广泛应用，"数据+算法+算力"构成的新型生产关系正推动媒体业态发生深刻变革。2023 年年初，由人工智能实验室 OpenAI 发布的对话式大型语言模型 ChatGPT 在各大中外媒体平台掀起了一阵狂热之风。智能写作机器人、智能语音交互、AI 合成主播等应用持续涌现，不断带给媒体人惊艳和压力。ChatGPT 的火爆再次引发困扰：媒体人的工作会被取代么？ChatGPT 会成为传媒业的颠覆者么？

（二）传播机制的革新

随着互联网技术的飞速发展，新媒体成为越来越多受众获取信息的重要途径，并悄然培养和塑造受众的新型阅读习惯，对传统媒体形成严峻挑战。正因如此，各级媒体贯彻落实党和国家关于媒体融合发展的决策、部署和要求，积极探索新型媒体集团的融合发展之路，构建全媒体传播体系，在媒体融合中寻求新的生存机遇。

作为 AIGC（人工智能自动生成内容）的分支，ChatGPT 在开启人工智能新纪元的同时，也冲击着人们传统固有的思维方式，加快了媒体智能化发展的趋势。媒体人需要增强紧迫感、使命感，探索以主流价值导向驾驭"算法"，为受众提供更具情感温度和人文关怀的信息服务，全面提高舆论引导能力。新媒体时代，科技的不断创新使智能化传播变为现实，传统媒体与新媒体的融合得以自然而然地产生，进而满足海量用户获取信息的需求。随着融媒体越来越深入地渗透传播领域的方方面面，传统媒体的破局与变革势在必行。

二、目前县级媒体融合发展的主要瓶颈

（一）体制机制僵硬固化

目前，县级媒体大多沿袭老广电班底，传统媒体的惯性思维方式、体制机

制、生产模式难以在短时间内适应融合发展需要，存在创新浅尝辄止、用户意识不足、盈利模式单一等问题。需要借助政府的顶层设计与统筹，进一步打破部门壁垒，实现一体化、扁平化管理。

（二）全媒体人才匮乏

在职人员老化断层，缺少端起机子能拍、拿起话筒能讲、提起笔来能写、遇上难事能办的复合型、创新型全媒体人才。就红安融媒而言，全中心员工平均年龄为46岁，其中"85后"29人，35岁以下的仅有15人，从事新媒体人员的年龄普遍偏大，对新技术的接受和运用能力较弱，在一定程度上影响了作品生产，尤其是一些富于开创性的工作开展起来比较困难。2019年以来，招聘的新媒体人才仅5人，后陆续离开2人。受事业编制、管理模式等约束，员工待遇、晋升通道等成为制约全媒体专业人才引得进、留得住、干得好的主要瓶颈。

（三）运营"后劲"不足

目前，红安融媒收入来源少部分靠财政拨款，大部分靠经营创收，依靠传统媒体盈利艰难支撑，而新媒体有流量无效益，"叫好不叫座"成为尴尬现状，变现方式尚在探索之中，融合发展的造血功能亟待增强。

三、县级融媒体破圈突围的思考与建议

当前，县级融媒体中心正处在由"建好""融好"向"管好""用好"转变的关键时期。中共中央办公厅、国务院办公厅《关于加快推进媒体深度融合发展的意见》明确指出，要"深刻认识全媒体时代推进这项工作的重要性紧迫性，坚持正能量是总要求、管得住是硬道理、用得好是真本事，坚持正确方向，坚持一体发展，坚持移动优先，坚持科学布局，坚持改革创新，推动传统媒体和新兴媒体在体制机制、政策措施、流程管理、人才技术等方面加快融合步伐"，强调既要通过体制机制改革优化资源配置，又要依托5G、人工智能等最新科技成果，加强全媒体传播体系建设，全力推进媒体深度融合。

(一) 完善机制体制，发挥政策利好

1. 构建融媒矩阵，扩大主流传播覆盖面

2019年3月8日，红安融媒挂牌成立，构建了"一中心、N平台"架构，"一中心"即指挥调度中心，"N平台"即多渠道的分发平台，包括电视台、电台、"村村响"广播、红安网、"云上红安"App、"最红安"微信公众号以及"最红安"视频号、"红安融媒"抖音号。2022年，又与湖北日报传媒集团签订湖北日报客户端红安频道共建协议，当年11月1日，红安频道作为黄冈市第一家频道正式上线。通过转型升级，构建起覆盖广播、电视、客户端、微信等融合传播矩阵，通过探索平台间的差异化布局和互融互通以提升整体的传播影响力，做到了广播、电视节目移动化多屏分发，优质内容大小屏联动传播；"云上红安"App突出"图文+视频"双直播模式；"最红安"微信公众号专注打造内容精品，全媒体传播体系初现雏形。

2. 聚焦本地特色，主动策划唱响"红安红"

红安融媒由总编室统筹内容生产，以每天编前会选题策划、每周总结分析形式保障运转。比如"最红安"微信公众号，每天上午八点半开始报题，快速圈定选题范围并精选出头条，同时强化标题创新，每天下午四点左右组织团队头脑风暴，在深度、热点、趣味等方面做足文章。同时，明确自身平台定位，坚持把红安的红色文化宣传好，坚持做不一样视角的红安新闻，坚持做有红安元素的新闻。

红安融媒团队时常挂在嘴边的一句话是"自己的孩子自己爱"。为了让作品得到最大程度的推广和传播，采取"两条腿走路"策略，一方面主动联动上级媒体和宣传部，积极荐稿；另一方面做好内部动员，发动全中心成员点赞、转发、留言互动，主动扩圈，通过社交传播让作品出圈，达到"不看最红安、你就很一般"的宣传效果，确保"最红安"常看常新，粉丝"不流失"、阅读量"不下降"。

2022年，红安融媒11次亮相央视，3次登上央视一套，2次登上央视《新

闻联播》头条，实现历史性突破；集中力量打造"最红安"微信公众号，仅6个月粉丝从不足10万暴增至"17万+"；《定了！武汉轨道交通延伸至红安!》发布不到两小时阅读量突破"15万+"，《红安县项目建设暨乡镇"五个一"拉练活动》等推文阅读量突破"10万+"；派专人负责，统筹团队运营"红安融媒"抖音号，不到半年时间粉丝量从1.1万增长至8万；短视频播放量"百万+""千万+"作品频出，有50余条原创作品在中央主流媒体刊（播）发。

3. 优化激励机制，增强媒体融合内驱力

健全制度机制，通过制定《关于加强红安县新媒体信息管理工作的通知》，完善《信息发布审核制度》，出台《全媒体记者管理办法》《新闻采访统筹工作流程》等机制，使作风建设、队伍建设有章可循、有规可依。如《对外宣传奖励办法》，让优秀新闻编辑记者外出学习先进经验，开阔眼界、拓展思路，鼓励和激励记者编辑多写稿、写好稿。

推行绩效考核。充分发挥绩效考核的导向、激励、约束作用，营造积极向上、创先争优的工作氛围。围绕宣传主业，开展融媒产品创新创优活动。坚持每天点评当天好作品，每周对中央省市媒体采用的作品通报表扬，每月评选好新闻、好创意，每季度召开表彰表扬会，总结成绩改进不足，并与绩效挂钩。内部微信工作群、户外电子屏及时滚动播发，建立和完善考核评估机制和收入分配机制，充分激发内生动力，促进融媒体编辑记者快速转型。

（二）聚合人才资源，打通融合渠道

1. 全员融合差异定位，打好融媒团队组合拳

红安融媒自上而下全员行动，从中心领导带动"融"，再到中心全员大家"融"，在"融"字上做文章，打造最强团队。为解决一线记者、编辑紧缺的难题，红安融媒打破部室壁垒，安排全中心所有"85后"干部和记者全部投入采编一线，并将电视新闻记者、主持人、新媒体编辑等岗位人员整合成4个全媒体团队，同时成立特色小分队，如寻找烈士小分队、专题片小分队、PPT制作小分队等。每个团队都是一队采编战斗员，都能独立出任务。团队接到任务后，队内

快速分工领任务，多线同时开工，将采集回来的素材制作成适配不同平台的内容，发布到"云上红安"App、微信、抖音等平台，做到一次采集，多元发布。

2. 疏通人才成长通道，引进专业人才添动能

向上争取政策。积极向县政府争取，会同县委编办、财政、人社等部门，根据事业发展需要，每年引进专业人才充实全媒体队伍。

对接省内高校。合作共建，与高校新闻传播、媒体技术等相关专业联合培养未来的融媒体人才，如将黄冈师范学院、黄冈职业技术学院确定为网络直播和技能培训基地，华中科技大学马克思主义学院与红安融媒共建红安红色实验基地，为融媒体中心定向培养人才、吸纳人才建立良好的基础。

在用人方面开放灵活，一方面是打破编制内外的差别，积极落实各项人才引进扶持政策，多渠道引进优秀专业人才。加强在岗人员培训，加大融媒体传播、应用实践，在运营中锻炼培育队伍。另一方面用更加市场化的工资方式、评聘方式来解决活力问题。先后有3名红色研究专家被聘为红安融媒红色顾问，5名青年俊才成为特约主持人。聚集智慧力量，赓续红色血脉，讲好红安故事，宣传红安精神，提升红安红色文化宣传质效。

3. 增强跨屏互联互通，革新内容生产提质效

在各种先进技术的加持下，可实现传统媒体与新媒体的全方位互联互通，从而对各类新闻资源进行统筹管理，形成全媒体发布渠道，借助"全媒体矩阵"和"媒资共享"等机制，构建内容、渠道、人才、技术等都能共享的全媒体传播体系，为新闻内容提供多维度的有力支撑。比如，红安融媒通过传统的"电视大屏"与"移动小屏"融合传播，加大"最红安"、短视频、快讯、图文直播、慢直播等融媒产品的生产和推送力度。

坚持移动优先。各平台根据各自特色同频共振，合力发声。一是广播频率联网联动，《956生活秀》直播节目每天上午10：20—11：20在抖音、微信视频号（慢直播）平台进行视音频同步传播。二是电视频道全新改版，"红安新闻"从"15分钟"走出来，按照移动优先原则，传统电视新闻转变为短视频新闻，把更多的时间留给民生，把更多的关注放在一线，把更清晰的镜头对准群众，推出更

多有思想、有温度、有品质的新闻作品，全媒记者独立完成采编，提升新闻宣传质效。《一场迟到79年的团聚》等两件新闻作品荣获第四十届湖北新闻奖二等奖，黄冈市县级媒体唯一，刷新红安外宣历史最好成绩。三是"云上红安"App功能升级，突出快讯、图文直播、视频直播，弥补广播电视新闻发布不及时，微信公众号版面不足的问题。及时与省"长江云"沟通，增加民生服务、互动功能板块。目前，已有13个乡镇、77家单位入驻，累计下载安装量6万余人次。荣获2022年度长江云平台十佳外宣通联单位荣誉称号。四是"最红安"微信公众号做大做强，围绕本地政务、民生大小事、红色故事、身边热点等，通过重做头条、精做内容、巧做标题、全网互动，及时传播到千家万户，让更多的人关注了红安。2022年，"最红安"全网进位8466位，粉丝从不足10万涨到17万+，稳居全国县级媒体微信号百强榜50强，年度大榜全国第23名，总排名湖北第一；荣获2022年度湖北省百佳新媒体账号；荣获2023湖北十佳政务新媒体；新华社新媒体研究中心重点关注，进入2023年全国县级融媒体中心优秀案例榜单。4月25日，由荆楚网（湖北日报网）、楚天舆情数据研究院制作的湖北102个区县传播指数排行榜3月榜单发布，红安县位列第9位，是黄冈唯一进入20强的区县。

坚持内容为王。融合传播不是电视媒体的内容搬家，而是把受众"需要什么"与媒体"生产什么"高度契合起来，赋予内容更丰富、更多元、更具黏性的传播形态，增强内容的个性化、特色化。用最有温度的笔墨做新闻，主动出击，围绕县委、县政府中心工作，比如红安融媒围绕融入大武汉推出话题征集《红安怎样融入大武汉，你们说了算》，收集整理建议1500余条，供县领导参考；积极与各部门合作，与组织部联办《嘉善行取真经》《问道当阳话红安》，关注年轻干部成长，推动全县干部整体提能；与工商联联办的《天南地北红安人》，已前往上海、北京、天津、深圳等地，与在外打拼的红安人互动交流中，让更多有情怀的红安人有了回乡创业反哺家乡的愿望。

同时，与学习强国、新华网、长江云、湖北日报客户端等主流媒体互联互通、无缝衔接。打通传统媒体和新媒体平台之间的屏障，初步实现一体化运营管理，全面提升红安融媒传播力。

(三) 激发创新活力,加快转型升级

1. 打造"爆款"融媒产品,彰显强大"圈粉力"

持续围绕中心工作,聚焦民生需求,不断增强社会服务力。在湖北省委深入开展美好环境与幸福生活共同缔造行动宣传中,红安融媒坚持网上网下一体、内宣外宣联动,统筹各平台全面记录好、生动呈现红安干部群众参与美好环境与幸福生活共同缔造工作,让主旋律更强劲、正能量更充沛。通过图文、短视频、点赞留言互动等多种形式,全媒体推送,引导广大干部群众多角度了解、认识并参与共同缔造行动中,形成全民关心、支持和参与的浓厚氛围。

为保证新闻品质,红安融媒组建全媒体记者调度工作组,由总编室统筹策划,统一调度采编力量,联动作业。变垂直管理为扁平化管理,打破过去各平台相互独立、各自为战的局面。每天集中收集选题,分发到4个全媒体记者团队,对专职记者和储备记者统一调配,当天通报工作任务完成情况,及时总结点评,择优向上报送,保证新闻宣传重点突出、亮点频出,每天都有好新闻。红安融媒对共同缔造工作的新闻报道,被中央和省级、市级媒体采用,吸引各大主流媒体纷纷聚焦红安。如,学习强国平台刊发《湖北红安柏林寺村:共同缔造 幸福生活》;《人民日报》刊发文章《红色资源 带动老区启新篇》;《光明日报》刊发《最是乡音解乡愁》,分享红安基层干部,践行初心使命,扎根广阔田野,带领乡亲发展特色产业、建设美丽乡村的心路历程;中央级媒体持续关注红安县坚持党建引领,发动群众围绕"共"字发力,做好"同"字文章,这些新闻报道阅读量累计达"千万+"。"铺天盖地"的宣传报道推进了"共同缔造"理念在红安深入人心,"精心挖掘"的典型案例推介了"共同缔造"的红安经验、红安做法。

及时捕捉社会闪光点。红安融媒原创作品《民警火场中拎出煤气罐被烫到怒吼》被"人民日报"客户端采用,阅读量达"1000万+"。

重要时间节点有策划。推出有温度、有特色、有影响的新闻作品。春节期间,结合政策适时调整,既有效传达政策,又积极引导群众有序流动。围绕"红安红"做文章,在"三八"国际妇女节推出《致敬385名红安巾帼英烈》,播放

量达"10万+";在清明节推出《隔空对视,向140000红安英雄儿女致敬!》,播放量达"30万+";再到致敬革命先烈《如愿》MV,先后在人民网、央广网、中国青年报、湖北发布、青春湖北、湖北日报等媒体上发布,成为第二个"千万+"爆款作品。此后,《冰雪映丹心》《英雄赞歌》等30余条作品相继突破"百万""千万",120余条原创作品被中央主流媒体刊(播)发,总浏览量超2.3亿人次,在新媒体上形成坚定信心、踔厉奋发的强大声浪。

2. 探索"新闻+"运营新模式,提升品牌新价值

加快深化体制机制改革,探索"新闻+政务+服务+商务"的发展新模式,依托媒体平台进行品牌运营。红安融媒主动出击,与部门、乡镇、企业联动,逐步形成了全县上下融合共荣的宣传格局。一是用活专栏。《答好使命五问》栏目推出乡镇党委书记访谈,开设共同缔造、五城同创、教育园地、河湖长制、政风行风热线等专栏全方位采播、多平台分发,既展示了各单位工作成果,又搭建了民意沟通的桥梁。二是新媒体运营。通过互帮互带互助等办法,与政法委、公安局、统计局、城管执法局、生态环境局、杏花乡、华家河等部门及乡镇合作,通过代运营引流等方式提升新媒体运营水平,很多部门及乡镇新媒体公众号稳居行业第一方阵。三是助力企业。长期与钓鱼台、将乡红、湖北明创等企业合作,既推介了产品,又擦亮了企业品牌。

3. 力推多元化经营,朝集团化方向发展

坚持多元化经营战略,不断优化经营结构。一方面采取深耕全县各部门、教育卫生、行业企业等,做优存量。红安融媒围绕红安红价值追求,与县检察院联合摄制《守护》作品被最高检和湖北省检全网推送,与纪委监委、妇联合作《清廉家风》,与团县委合作《错位时空》,与教育局合作《开学第一课》,与生态环境局合作《秸秆风云》,以及《主播说新闻》《小红讲故事》等已成为一道亮丽的风景线,得到央媒省媒全网转发。

另一方面,着重向新媒体移动端、向商业市场转移,做大增量。比如2022年举办的"永葆红安红"红安县首届红色旅游讲解员大赛。红安融媒以"直播+微信号推文+短视频"形式,持续跟踪报道,引起社会热烈反响。大赛共吸引全国各地的434名选手报名参赛，近百万人通过现场观看、在线直播、网络互动等渠道进行了关注。从经典故事传颂到经典景区推介，红色红安得以全景展现；从《光明日报》到《人民日报》，多家央级媒体持续聚焦，总浏览量637万人次。打造好口碑，也为后续的推广打好基础。演讲比赛、知识竞赛、道德讲堂总堂活动、少儿才艺大赛、红安首届网络主播大赛暨"直播助农爱心义购"活动、知青文化节等一大波精彩活动纷至沓来，用优质服务抢占市场，也赢得社会各界的高度认可，2023年县政府将县融媒体中心演播大厅纳入全县会务管理系统。

拓宽运营思路，守正创新谋求突破。红安融媒聚焦主责主业，按照"新闻强媒、专题稳媒、文艺活媒、产业扶媒、全员兴媒"的工作思路，立足"融"，突出"用"，推动"变"。从调动干群积极性，盘活融媒队伍；完善鼓励激励、容错纠错，能上能下机制；提升内容创新创优，做实做强传播等方面着手，推动媒体深度融合发展。通过内宣外宣双轮驱动，全面发力。2022年实现4个翻番：一是专题翻番。完成摄制专题片65部，PPT制作25个，同比增长196%，专题创收实现翻番；二是优品翻番。每天生产原创新闻产品30条次以上，红安融媒作品上中央级媒体150条次；上省级媒体468条次；上市级媒体841条次（广播325条次，电视516条次），同比增长131%，内容原创力提升明显，外宣位列湖北省黄冈市第一方阵；三是活动翻番。积极筹办、承办各类会议活动97场次，其中演播大厅活动翻倍，超历史同期。四是质效翻番。随着媒体深度融合，用户思维不足、产业发展短板显现，为打造区域性新型主流媒体，探索事业单位企业化管理新模式，加快融合步伐，建立传播矩阵，增强造血功能，实现"新闻精品"和"经营创收"双赢。积极推进新闻传媒集团发展，通过引进现代企业管理，实行市场化运作，努力实现社会效益、经济效益双丰收。2023年5月，成立红安传媒投资集团，注册资金5000万元，为国有独资文化传媒公司，下设三个分公司，目前正在完善公司章程、组织架构、股权设置等工作。红安传媒投资集团将服务全县内外宣传，利用红安融媒平台建立电商直播带货渠道，助力红安文旅融合推介、农产品销售；开展会务会展活动服务、直录播、文艺活动、户外广告，参与影视剧拍摄等，逐步做大做强红安红色文化产业。

四、结　　语

面对时代发展大势和智能化趋势，县级媒体要在媒体融合中占领主动权，就必须集中精力补短板、破瓶颈，不断改革创新体制机制，充分调动融媒体从业人员创新创优的积极性，培养造就一支业务精湛、作风优良的融媒体人才队伍，在内容生产、渠道传播、经营模式打造等方面，破除融合发展的壁垒，建立统一指挥调度的融媒体采编平台，构建全媒体传播体系，以内容创新、技术创新为驱动，实现权威传播、移动传播、互动传播，加快推动媒体深度融合发展。同时，充分发挥信息渠道权威、生产流程规范等内容生产优势，努力推出有思想、有温度、有品质的精品力作，才能凸显新闻价值，赢得受众，使县级融媒体中心具有强大传播力、引导力、影响力、公信力。

作者及所属单位：
黄发成　红安县委宣传部副部长，红安县融媒体中心党委书记、主任
蔡　威　红安县融媒体编辑制作中心广播节目制作室主任

融合·融和·融活
——以广水融媒为例浅谈对"推进媒体深度融合"的探索

李 源 雷少军

推动媒体融合发展,是巩固宣传思想文化阵地、壮大主流思想舆论的战略举措。习近平总书记强调,推动媒体融合发展、建设全媒体成为我们面临的一项紧迫课题。要运用信息革命成果,推动媒体融合向纵深发展,做大做强主流舆论,巩固全党全国人民团结奋斗的共同思想基础,为实现"两个一百年"奋斗目标、实现中华民族伟大复兴的中国梦提供强大精神力量和舆论支持。

当前,互联网特别是移动互联网正加速重构媒体格局和舆论生态,一个"万物互联""万物皆媒"的时代加速到来。人人都有"麦克风",个个都是"通讯社",信息流通从过去自上而下的单向传播发展为上下通达、左右互动的交互传播、圈层传播。如何从海量的信息、众多的媒体中脱颖而出,最大范围、最大程度地吸引受众、引导受众,作为县级主流媒体,广水市融媒体中心面临的挑战更加激烈,融合发展的任务更为紧迫。

近年来,广水市融媒体中心牢牢把握正确政治方向、舆论导向、价值取向,以宣传市委、市政府方针政策、展示全市经济社会发展成果、反映广大人民群众心声、弘扬社会正能量为工作目标,探索从"3=1"起步模式的"融合1.0"版,到"1+N"加速迭代的"融和2.0"版,再到"N→N"跨越升级的"融活3.0"版的阶梯式路径,努力构建"全程、全息、全员、全媒"传播体系,着力提升主流媒体传播力、引导力、影响力、公信力,深入开展正面宣传和舆论引导,持续壮大主流思想舆论,为地方经济社会发展贡献了媒体力量、提供了精神支撑。广水市融媒体中心被省委宣传部、省人社厅授予"2022年全省宣传思想工作先进单位"荣誉称号;被湖北日报评为"2022年度湖北日报客户端十佳县市区频道";被湖北广播电视台评为"2022年度长江云平台优秀组织单位"。

一、融合:"3=1"的起跑

正如习近平总书记在党的新闻舆论工作座谈会上指出的,融合发展关键在融为一体、合而为一。推动媒体融合,先要拆小灶合大灶,解决"各买各的菜、各烧各的灶、各做各的饭"问题。

(一) 推进人员融合

广水市融媒体中心自 2019 年成立以来,将原电台、电视台和政府网站的记者统一整合到新闻采访部,将 3 家单位的编辑整合为图文编辑和视频编辑。融合之前,3 家单位是"各跑各的山头、各唱各的调",有时蜂拥而至,有时接踵而来,宣传口径不一致、主题表达不准确,发稿时效慢半拍。融合之后,实行统一办公、统一管理、统一调度,做到"一次策划、一次采集、多种生成、全媒传播",新闻宣传起到立竿见影的效果,新闻速度快了,新闻量大了,影响力也逐步显现。广水市融媒体中心推送的新闻《广水:吹响冲锋号!"月光海·渔火露营"项目建设如火如荼》被省长江云评为"2022 年长江云好新闻优秀作品"。

(二) 推进平台融合

将原来分散在 3 家媒体单位的媒体平台重新整合成矩阵,积极打造电台、电视台、政府网站、云上广水、微信公众号、视频号、抖音号、头条号等媒体宣传旗舰,形成拓展载体多样、渠道丰富、覆盖广泛的移动传播渠道,"策、采、编、播、发、评"一体化、一条龙链条,推进了各平台之间信息共享"一键通"、资源流动"无障碍"、宣传传播"加速度",台网融合、网网融合、线上线下融合迈出实质性步伐。"云上广水"下载量达"10 万+",日活量过 1 万,荣登全省县市区 20 强榜单,名列第 11 位。

(三) 推进机制融合

当媒体融合走入深水区,各种体制机制障碍逐渐显现。对从传统媒体转型而来的县级融媒体而言,其中最大的难点就在于传统体制机制的打破与重组。广水市融媒体中心对现有"各自为战"的内容生产流程进行再造,合理调配策划、采集、编辑、发布等各环节资源,基本形成"融媒体统筹、新媒体首发、全媒体跟进"的运行模式,"你中有我、我中有你、你就是我、我就是你"的工作格局,最大限度地激发新闻生产力。

二、"融和":"1+N"的加速

"单丝不成线,独木不成林。"在实践过程中,我们认为,"3＝1"起步模式的融合1.0版,只是简单的物理效应,远远没有产生化学反应。推动媒体深度融合发展不是简单的物理"融合",而是有机的化学"融和",甚至是一场革命性的"转基因工程"。面对移动网络时代的新挑战,推进深度融合、创新发展,是党加强意识形态工作领导,巩固壮大主流思想舆论,凝心聚力,全面建成社会主义现代化强国,实现中华民族伟大复兴中国梦的重大课题和战略举措,也是地方融媒发展壮大的必由之路。广水市融媒体中心积极探索"1+N"加速迭代的"融和2.0"版,全面推进深度融合发展。

(一) 和合与共,探索"1+N"模式

坚持融合发展,需要不断强化互联网思维,推动传统媒体和新兴媒体在内容生产、组织架构、采编流程等方面深度融合,实现信息内容、技术应用、平台终端、人才队伍的共享融通。广水融媒体中心坚持新闻立台这个"1",将广播、电视、网站、微信、短视频、客户端、移动端等"N"个平台做优,将国家、省、随州各级发布渠道打通。以"广水发布"为旗舰,"云上广水"为平台,抖音号、微信视频号为两翼,建设头条号、百家号等战斗群,实现从"单兵突进"到"集团作战"转变,做到报道有深度,微端有热度,App有速度,网站有力度,初步形成"小屏带大屏、大屏融小屏、多屏联受众"的"1+N"立体宣传模式。

(二) 内容为王,放大"1+N"效应

互联网、新媒体技术的快速发展,彻底翻新了传播形态以及社会舆论局势,传统媒体正处于战略融合的阶段,优质内容是融媒体安身立命的根本,成

为媒体吸拢用户的"活水"。因此在推进深度融合的过程中，必须坚持"内容为王"，不断创新融媒产品，抢占网络时代舆论制高点。广水市融媒体中心紧紧围绕中央一系列重大决策和重大活动，围绕市委、市政府中心工作，每年或每个特定时段确定"1"个重点宣传主题，策划多个系列活动，放大"1+N"宣传效应。

1. 突出主题

2019 年围绕庆祝中华人民共和国成立 70 周年、2020 年围绕"战疫、战贫、战洪"等主题开展一系列特色活动。2021 年围绕建党 100 周年，积极开展"五个一"活动。2022 年围绕"迎接学习宣传贯彻党的二十大精神"，在各平台开设《喜迎党的二十大 奋力推进"再进位、冲百强、创辉煌"》《献礼党的二十大 砥砺奋进谱新篇》《深入学习贯彻党的二十大精神》等一系列专题专栏，及时准确推送党的二十大重要新闻稿件，组织编辑记者深入基层一线，广泛报道各地各部门喜迎、收看、学习、贯彻党的二十大精神，引导广大干部群众多形式、多载体、多视角，全方位深入地了解党的二十大精神以及广水市自党的十八大以来社会发展取得的巨大成就和城乡面貌发生的巨大变化。综合运用文字、图片、视频等手段，推出一批形式新颖、内容丰富、主旨鲜明、立意高远、群众喜闻乐见的新闻作品。

2. 开辟栏目

融媒体中心及时设置《数说广水新变化》《督查面对面》《乡村振兴大比拼》《"YUE·广水"》《发展赛场，我们都在现场》《创建文明城市 建设文明广水》《为民服务》《野生的力量》等栏目，为新闻宣传内容的出新出彩提供支撑。其中《为民服务》节目通过正面典型的宣传弘扬社会主义核心价值观，弘扬中华优秀传统文化，反映社情民意和家长里短，提供生活信息及新闻帮扶，在推动部门作为、社会和谐、司法建设以及民生问题等方面发挥着重要作用，体现了浓郁的广水地方特色，深受观众喜爱。为庆祝中国共产党成立 100 周年创作的专题作品《百年梦想、百年跨越——追寻红色踪迹、谱写灿烂篇章》，荣获 2021 年度全省广播电视主题宣传创新创优项目优秀新闻三等奖。

3. 发布短评

融媒体中心围绕"学习贯彻党的二十大精神""下基层、察民情、解民忧、暖民心实践活动""疫情防控""文明祭祀严防山火 让清明更清明""冲刺百强县""破除理念之冰、思路之冰、作风之冰，我该怎么干？"等重大活动、中心工作、热点问题，及时配发短评、时评、快评，形成浓厚舆论氛围。

（三）导向引领，推进"1+N"成效

融媒体中心始终突出正面宣传、正面报道、正面引导，不断加强采访和报道方式创新，据平台传播特点、用户群体特征等，深入采访制作本土化、区域性、原创性的新闻作品。

1. 以新闻宣传为核心

融媒体中心围绕市委、市政府中心工作，精心策划选题，力争新闻活、专题深、活动精、影响好。围绕宣传贯彻落实"全市三级干部大会精神"，发挥宣传矩阵优势，开设"奋进新征程 建功新时代""触摸发展脉搏 汲取奋进力量"等专题、专栏、合辑；精心制作《一图读懂全市三级干部大会精神》宣传图片；以短视频的方式记录了代表履职过程中的金句佳句，通过微信公众号、视频号、抖音号，全方位、多角度、深层次报道，富有互联网短、平、快的传播意识，但又不失内容的精准与精良，形成强大宣传声势。围绕全市两会推出系列报道《聚焦两会》，对"会前、会中、会后"进行全程跟踪报道，全方位、全过程、多视角宣传报道两会盛况。《代表委员问答》让观众和代表以"喊话"的形式形成真实而直接的互动，观众提问生活小事，代表回答民生热点，让两会更加贴近群众、贴近实际、贴近生活。邀请人大代表、政协基层代表面对镜头，聚焦两会热点议题。同时，创意推出适合新媒体传播的融媒产品《两会时刻》，进一步增强两会的宣传吸引力、感染力和影响力。全力服务"明职责、对目标、提能力、抓落实"活动，推出"明职责、对目标、抓落实"和"两代表一委员问作风"节目，就"竭力当好'店小二'，对标对表抓落实"等主题展开宣传，突出民生热点，回应群众关注，提高受众的参与率和监督力。认真做好"记者乡村行"活动，围

绕"共同缔造、乡村振兴",推动采编人员深化"三贴近",坚持"走转改",不断增强编辑记者"脚力、眼力、脑力、笔力"。将持续做好"乡村合作公司面对面"全媒体访谈工作。围绕践行共同缔造理念,健全联农带农机制,办好乡村合作公司,采访镇办及合作公司负责人,谈思路举措,讲进展成效,谋发展布局。继续办好《湖北日报客户端广水频道》《随州广播电视台·广水新闻》版块。坚持在湖北日报及随州广播电视台和云上随州新媒体等主流宣传平台办好《广水新闻》《广水频道》栏目,加推一批有特色、有亮点、有影响的新闻作品,展现广水经济社会发展成就,展示广水干部群众干事创业激情。

2. 以短视频传播为关键

融媒体时代,手机已是移动领域的重要媒介,无论是广播、电视、报纸还是网络媒体平台,都在抢占移动端用户市场。尤其在当下,抖音、快手、火山小视频等短视频平台,成功夺取了年轻人的时间和注意力,简短又方便观看的短视频开始成为一种重要的传播形态。

融媒体中心结合用户阅读习惯的改变,积极推送短小精悍、内容丰富的短视频,充分运用同期声、背景音乐、字幕等辅助手段,满足用户阅读需求。这些探索创新,丰富了宣传形式和内容,引起了群众广泛关注,正向社会评价不断提升。"月广水"官方抖音号粉丝量接近10万,"100万+"的短视频作品3个,超过10万+达30个。推送的短视频《改善人居环境 我们一起行动》荣获2019年度省广播电视公益广告三等奖;《广水万人相送英雄凯旋》荣获2019年度省好新闻优秀奖;《醉美观音》荣获2020年度省广播电视公益广告三等奖;《普惠金融启新航》荣获2021年度省广播电视公益广告三等奖。

3. 以社会活动为抓手

我们连续30年举办"春满广水"春节文艺晚会,进一步弘扬中华优秀传统文化,展现广水经济社会高质量发展成就,丰富群众节日文化生活。我们成立鸿雁传播有限公司,组织红色文艺轻骑兵走基层等活动,为基层群众送上喜闻乐见的文化大餐,放大文艺"成风化俗、凝聚人心"效应;与吴店镇联合举办的"花样生活·共同缔造"海棠花观赏大会暨产业发展大会,借助网络力量,请来上级媒体和网络"大V",全面展示广水践行共同缔造理念,办好乡村合作公司,发展特色产业的探索实践,展现广水"以共同缔造推动共同富裕,赋能乡村合作公司高质量发展"的先行示范;与市书法协会共同举办第二届少儿书法大赛,传承中华优秀传统文化,擦亮"中国书法艺术之乡"金字招牌;与公安局联办"广水警花话平安",以靓丽"警"色照亮平安创建之路,让人耳目一新;配合市纪委监委、城郊街道办事处开展"百年党史'莲'洁你我""清廉广水"等党史廉政教育活动,依托油榨桥莲花种植园,以莲喻廉、借莲说廉,丰富廉政文化内涵,打造廉政教育基地,有力叫响了具有广水特色的廉政文化品牌。我们承办的"胭脂红桃,桃醉天下""农民丰收节""油菜花观赏大会""房交会""家具家电展销会"等活动,为加快消费恢复提振做出媒体贡献,大幅增强自身造血能力。

(四)全面覆盖,开展"1+N"服务

融媒传播还有一个很大的特征就是个性化服务,重视用户的需求,从而更加稳定地聚拢用户。

我们通过"云上广水"为市直部门及镇办开设投稿邮箱,接收各地各部门、各行各业通讯员的稿件,将遴选出的优秀稿件通过微信公众号、云上等新闻客户端进行推送,汇聚"众人之力"生产海量信息,将新闻触角延伸到每一个角落,用优质的内容资源吸拢用户。

我们通过"广水发布"搭建内容生态,精选新闻信息,让叙事角度更加多元,内容更加优质,逐步形成用户规模。

我们为市直部门及镇办都配备1名新闻联络员,加强信息互联、通讯互动,实行新闻宣传"沟通零距离、发布零阻碍",通过分众化、差异化的服务增进与用户之间的黏性。

我们重新设置"云上广水"政务、服务板块,开通"云缴费",为广大市民缴纳水费、电费、电视费等生活缴费提供便利,保持了用户端活跃度。

三、融活:"N→N"的跨越

融合的评价标准和终极目标,并不仅仅是"融和",而是要在"融和"的基

础之上实现内源性的自我运转，最终达成"融活"。广水市融媒体中心逐步探索建立了"N→N"跨越升级的融活3.0版，进一步深化干部人事制度、岗位设置、收入分配、绩效考核等制度改革，激活用人机制和分配机制，切实增强媒体深度融合发展的动力与活力。

（一）提高站位，加强"顶层设计"

进一步增强宣传报道工作的全局观、中心观，主动把宣传报道工作置于省、随州市经济社会发展大势下审视考量，放在本地工作中心大局中谋划推动，唱响主旋律、提振精气神，为全局工作增光添彩。积极邀请中央及省市媒体记者到广水采访，从全国、全省的视野、理念、角度宣传报道广水经济社会的亮点、特色和成就，让更多先进理念、前沿思维、改革思路、实战成果在广水落实落地，形成具有广水宣传特色的"组合拳"，让全国、全省的目光关注广水，让更多的人了解广水、支持广水、投资广水。围绕宣传乡村合作公司，广水市融媒体中心组织记者深入田间地头、厂房车间，采写推出一大批生动鲜活的新媒体作品，《明星书记闯市场》《乡村合作公司大擂台》《乡村合作公司面对面》等系列报道霸屏出圈，广水创建乡村合作公司的工作做法被《人民日报》《经济日报》、新华网、中央电视台等央媒聚焦报道，在《湖北日报》3次头版推介，2022年以来在省级及以上主流媒体推出相关稿件130余篇。

（二）提升格局，加强"全媒联动"

进一步增强宣传报道工作的整体性、系统性，坚持点上突破和面上推开相结合，注重抓典型抓亮点，抓重要领域和关键环节，形成多层次、广覆盖、分众化、立体式的宣传声势。进一步增强宣传报道工作的主动性、创造性，面对舆论环境、媒体格局、传播方式深刻变化的新形势，积极转变思维习惯、突破思维定势，采取多"兵种"集结、全媒体联动、故事化表达、立体式传播等方式，积极推动理念、内容、形式、方法、手段、业态、体制、机制等全方位创新，努力提高新闻舆论的传播力。湖北长江云新媒体集团发布《2021年度湖北省县域政务融合传播指数排行榜》，广水市融媒体中心（"云上广水"）位列全省县市区第四名。从榜单发布的"公开度""影响度""好感度"三个方面的数据可以看到，广水市融媒体中心融合传播矩阵基本形成，整体传播能力呈向上发展态势，主流舆论阵地建设成效明显。

（三）强化创新，加强"系统整合"

进一步创新理念，让新闻宣传与时俱进。组建小分队，拍摄短视频，打造视频号，精选微信号，全选 App，精耕细作新媒体平台，对海量内容资源进行整合分类，避免出现信息乱炖"一锅粥"现象，增强报道的接近性、可读性和吸引力。进一步创新思路，让新闻宣传走进人心，从讲大局、讲正气、主旋律、正能量、专题性、板块式等多方面，全新策划，立体打造，集约操作，突出实效。进一步创新传播方式，充分发挥宣传思想工作多种手段的互补效应，通过多媒体协作、多平台推广、多队伍建设等方式，大力推动融媒体产品创新，形成新的传播链，延伸媒体新的价值。

（四）深化改革，加强"融活建设"

进一步实施部室融合、流程再造、制度优化等一系列改革，加强内容建设，不断推陈出新。

成立编委会，每天召开编前会，指挥调度、统筹协调"策采编、审发推"工作，促进新闻提质、发稿提速；围绕中心大局，制定新闻宣传报道和业务学习培训计划；开展优秀作品评选活动，推动创作一批接地气、沾泥土、老百姓看得懂的短文章、小故事、微视频，形成"羊群效应"，不断提高广水故事的渗透力。

推出"中央厨房"系统，构建媒体融合的业务、技术、空间平台，统筹运用各平台的新闻生产力，丰富板块内容，探索策划、采访、编辑、分发的"自我革命"，完善"一次策划、一次采集、多种生成、全媒传播"功能，着力打造"媒体+政务+服务"的全新媒体平台。

实施新闻宣传流程再造，改革原有的十多个业务部室，融合成立"新闻采编中心""图文编辑中心""视频制作中心""全媒体运营中心"和"广播电视技术中心"，做大"云上广水"客户端，做靓"广水发布"微信号，做活"月广水"视频号，实现人员盘活、采编盘活、队伍盘活，让党的声音传得更开、传得更广、传得更深。

实施绩效制度再优化，树立以作品论英雄、以流量论英雄的导向，每周对"广水发布"阅读量排名前5、"云上广水"阅读量排名前3的予以奖励，对评出的C稿予以扣罚；每月对视频号、抖音号播放量实施梯级奖励，逐步实现由"身份管理"向"岗位管理"转变，做到"同岗同责、同工同酬、优劳优酬"，彻底扭转"干与不干一个样、干多干少一个样"的局面，激发干事创业活力。

"问渠那得清如许？为有源头活水来。"在推进媒体深度融合的"跨越"进程中，广水市融媒体中心深刻认识到，媒体融合已从"上半场"的形态融合进入"下半场"的生态"融活"，在内容领域"发力"打造全媒体生态系统、延展价值链，已经成为主流媒体推进深度融合的重点。让内容焕发活力是媒体吸附用户的关键，但全媒体生态系统的搭建并非一朝一夕之功，它需要以用户为核心，以技术、制度保障作为动因，才能让内容生态"活"起来。

四、结　语

在推进深度融合过程中，广水市融媒体中心切身体会到，无论是融合的理念、机制，还是平台、队伍等方面，都存在对新媒体的认识和定位并不清晰的问题。到底是作为广播、电视、网站的一种自然延伸、必要补充，还是作为推进深度融合、实施战略转型的重要手段？此外，还存在以下问题：一是内容建设方面程序化、模式化倾向明显。时政报道和主题宣传权威有余而"地气"不足，信息资讯的丰富性、贴近性、服务性不够。二是客户端、移动端在定位与功能实现、栏目设置等方面千篇一律，使用效果不尽如人意。三是互联网、新媒体专业人才短缺。中心现有人员绝大部分长期从事广播电视内容的生产，无论是策划、采写、编辑，还是发布、推广，都习惯传统媒体的要求和节奏，尤其是中层管理人员，年龄偏大，思想意识、能力水平都有一个艰难的适应和转型过程。融合发展是事关媒体前途命运的重大课题，只有进行时，没有完成时。推进媒体深度融合发展的探索道阻且长，其理想路径和成功模式，尚需在探索中逐步破题。

移动互联网、大数据、云计算和以ChatGPT为代表的AI智能技术正在加速发展和广泛应用，彻底翻新了信息传播形式、社会舆论格局，改变了政府与群众的互动方式。如何适应网络化、信息化挑战，做好新闻舆论工作，不断提升主流媒体的传播力、引导力、影响力、公信力，为社会经济发展营造良好的舆论氛围和提供强大的精神力量，是县级融媒体中心面临的一项十分重要和紧迫的任务。推进媒体深度融合发展是一场没有退路、只能打赢的攻坚战，是一场必须赶上时代列车的自我革命。

（一）树立用户观念

在以用户思维为核心的互联网、新媒体时代，具有用户规模与黏性的媒体更具影响力。用户的数量、停留时长、参与程度，代表媒体对受众的聚拢吸附能力、社会动员能力和行为塑造能力。主流媒体要在互联网时代提升自身的传播力、引导力、影响力、公信力，就要赢得用户群体，扩大用户规模。

（二）优化内容供给

优质内容是融媒体安身立命的根本，是媒体吸拢用户的"源头活水"。海量信息要想获得受众青睐并被转发，需要有厚重的思想内涵、有血有肉的故事、创新创意的手法。社会公众对于信息的新需求倒逼着媒体必须创新，才能满足需求、顺应趋势。要想争取受众特别是年轻一代的认同，必须从表达风格、价值追求上进行改革创新，熟稔新媒体话语体系，避免口号式、八股式文风，策划入脑入心的口碑产品，让新闻报道更能贴近生活、贴近实际、贴近群众。

（三）加强分众传播

融媒体时代，手机已是移动领域的重要媒介，尤其当下抖音、快手等短视频平台成功夺取了年轻人的不少时间和注意力。新闻信息通过社交关系链被网民自觉分享、广泛转发，实现了几何级的传播效果，其传播的速度、广度和深度前所未有。面对新媒体迅速壮大的形势，要广泛开辟传播渠道，实现受众在哪里，新闻工作的触角就延伸到哪里，新闻工作的阵地和着力点、落脚点就要放在哪里。要紧扣传播格局的变化，适应分众化、差异化传播趋势，精准定位受众，对不同受众的特征、爱好、信息需求等进行分析，以此为基础为不同受众提供具有针对性的信息内容，进行个性化推荐。

习近平总书记指出，要扎实抓好县级融媒体中心建设，更好引导群众、服务群众。从国家战略层面对县级融媒体中心建设提出了发展要求、指明了发展方向。《中共中央关于制定国民经济和社会发展第十四个五年规划和二〇三五年远景目标的建议》提出："推进媒体深度融合，实施全媒体传播工程，做强新型主流媒体，建强用好县级融媒体中心。"中共中央办公厅、国务院办公厅印发的《关于加快推进媒体深度融合发展的意见》，明确了媒体深度融合发展的总体要求。

建强用好县级融媒体中心，是媒体步入深度融合"深水区"的必然要求。广水市融媒体中心坚持以习近平总书记关于媒体融合发展的重要论述为指引，以团结奋斗迎接挑战，以奋进拼搏开辟未来，发挥主流媒体优势，构建新型主流媒体，夯实主流舆论阵地，全面把握推进媒体深度融合的要义，将"融合""融和""融活"做深做精做细，在新时代、新征程上展示新形象、取得新进展、凝聚新硕果，为全省建设全国构建新发展格局先行区，随州打造城乡融合发展示范区做出融媒贡献，为广水"再进位、冲百强、创辉煌"再立新功。

作者及所属单位：

李　源　广水市融媒体中心总编辑

雷少军　湖北广电驻随州融媒体记者站站长、随州市委宣传部副部长

练好内功 "五个拼" 驱动融媒高发展
——探索武汉市硚口区融媒体建设新路径

张 昆

今年是媒体融合作为国家战略整体推进的第12个年头，为认真落实好党的二十大报告中提出的"加强全媒体传播体系建设，塑造主流舆论新格局"新要求，站在新的起点，结合中心城区实际，硚口区融媒体中心从2023年开始发力，就如何推动媒体融合向纵深发展，如何走出一条适合自己特色的媒体融合发展道路，做出了有益的实践和探索。

一、拼速度，强阵地，跑出融媒"加速度"

区级融媒体中心建设不仅是构建国家层面媒体融合的重大战略步骤，也是国家治理体系和治理能力现代化的重要阵地和关键一环，加速传统媒体与新媒体深度融合的融媒体建设，正是政府唱响主旋律、弘扬正能量的核心载体，也是讲好本地故事、服务本地群众的重要渠道，更是满足人民群众美好生活需要的关键平台。

根据《关于加强县级融媒体中心建设的意见》（中宣发〔2019〕2号）、《关于加快推进广播电视媒体深度融合发展的意见》（广电发〔2020〕79号）、《省委办公厅、省政府办公厅关于印发〈湖北省新时代文明实践中心建设试点实施方案〉和〈湖北省县级融媒体中心建设实施方案〉的通知》（鄂办文〔2019〕121号）等工作部署，按照《中共武汉市委宣传部关于加快"长江融媒"建设的通知》等工作要求，硚口区按照时间表和路线图，结合区域特点及发展要求，紧扣"高大、时尚、实用"这三个关键词，加快推进融媒体综合管理平台项目建设，涵盖融媒体中心指挥调度中心和演播室业务用房建设，包括技术机房建设，总面积达 300 多平方米，融合了新时代精神文明实践平台和城市智能应急广播系统，已对接共享使用省级融媒"长江云""湖北日报"及长江融媒"极目云"等平台，打破传统媒体与新兴媒体之间的壁垒，"一次采集、多次生成、多元发布"的新闻生产线随之高效"投产"，由过去各个记者单兵作战转变为一人实现文稿、视频、微博、微信等全媒体新闻作品采访和生产。这样一个集新闻传播、舆论引导、便民惠民、政务发布、智慧城市等功能为一体的区级融媒官宣新阵地，已跑出了"集中指挥、迅速调度、共享信息、高效生产"的融媒"加速度"。

二、拼热度，强信心，提振政府"公信力"

习近平总书记多次强调，宣传思想工作要因势而谋、应势而动、顺势而为。当前，我们已经进入全媒体时代，面对互联网这个最大的变量，中心积极主动作为，以融合发展为手段，以建设全媒体为目标，将各方面受众聚拢来、吸引住、服务好，牢牢掌握舆论工作的主动权和主导权。

硚口融媒人始终把"硚口发布"作为中心业务工作主战场，在小小的平台进行大大地挖潜，微信公众号则结合读者阅读的强势性（看不看）、速食性（怎么看）、利己性（看什么）三大特点，按照"一日三餐"节奏，对"原创类+政务类+转载类"内容进行科学合理配餐。其中部门政务类新闻供稿，以"起跑线"关注数值为基准，助力各领域扩大传播力和影响力；社会民生类新闻抓取，要求捕捉相关部门权威发布的医疗、教育、购房、社保、天气等"刚需"信息方可进行推发，实时心系百姓服务百姓。视频号发布题材主要以中央省市官媒发布的时政、军事、科教和文体热点体裁为主，紧扣时代主题，紧抓时政热点，如武汉市出台医保改革政策时，为做好舆情维稳工作，中心一方面做好涉医保舆情监测回复工作，另一方面同步依托硚口"两微一端"以及社区智慧应急广播及时发布相关政策解读、医改案例等信息，及时为市民朋友们答疑解惑、消除疑惑，从不同视角关心民心指数，把握人心走向，站稳群众力量，让党和政府的权威声音，穿越广阔的舆论场，不断提振中国政府公信力。

图 1　融媒体中心首页

三、拼深度，强经济，挖潜融媒"生产力"

建设县级融媒体中心就是要打通媒体融合"最后一公里"，硚口区结合实际探索"媒体+政务+商务服务"融合发展新路径，探索除直播带货外其他的产业

图 2　微信公众号图例

模式,如何实现经济效益和社会效益双丰收。

2023年伊始,硚口融媒人开始"跳出硚口看硚口",下沉街道和商圈、走进楼宇和园区、走访名校和名家,从不同视角观察报道,把企业的实际需求、百姓的真实感受、商圈的烟火气儿挖掘出来,实地了解探索新闻报道最高点。当年3月开创了"硚小布探店"新栏目,打卡硚口区的高颜值小店、让人放弃减肥的美食店以及独一无二的潮流首店等。如探店格乐丽雅武汉硚口店,这是一家坐落在硚口江城壹号文化产业创业园里的宝藏婚礼地,融媒体人通过文字、短视频等不同形式,尽可能展现格乐丽雅的"风情万种、与众不同":装修风格与众不同——红墙绿瓦,复古简单;情景主题与众不同——中西合璧、沉浸体验;服务形式与众不同——产业集聚、全程服务。据了解,目前,这家店已成为网红店,月营收突破800万,异常火爆。另外,融媒体中心以汉中街应急广播试点社区工作为抓手,牵手武汉大学国家北斗卫星实验团队,向湖北省广播电视局成功申报硚口区应急广播之多行业融合应用场景建设暨应用试点项目，该项目作为武汉市中心城区唯一的一个试点项目，突破了以往单一的应用场景，在"1个平台+2张网络+N个场景"基础上，联动应急局、教育局等多个部门，按照"成熟一个铺设一个"原则，将延展至汉正街、汉江湾、园博园等新应用场景，形成合力共同参与城区的规划建设、基层社会治理、商圈经济发展以及社区共同缔造等方面，尤其在城区涝渍灾害、防火防盗、交通疏散、溺水急救等方面可发挥更重要的作用。融媒体人打开新认知，捕捉新视野，开拓新思维，这样既有速度又有温度还有深度的新融媒宣传报道，已成功解锁"宣传变现"的密码，成为撬动区域经济发展的一个支点，也可以让更多的市民朋友们感受到硚口区蓬勃的经济活力和优质的消费服务环境，乃至招引全国更多更优质的企业来硚口投资兴业。

四、拼广度，强圈级，构建融媒"大格局"

融媒体中心建设的最终端口还是服务民生，不断满足人民群众对美好生活的需要。硚口融媒体中心则采取"横向到边纵向到底"的方式，把各部门、各街道、各企业、各商圈的朋友圈拉起来、动起来和转起来，通过扩容提质方式增加关注量和粉丝量，形成"大宣传"联盟，构建"大宣传"格局。

一直以来，融媒体中心秉持"新闻+政务+服务"的发展理念，立足"硚口发布"微信公众号平台，一方面，与政务部门做好积极对接，联通区商务局的"硚口招商云地图"、区行政审批局的"硚口政务预约办事"等端口，提供商事登记、一事联办、招商服务等各类在线政务服务，充分体现媒体融合便民利民的作用。同时，协助区委宣传部、区文明实践中心等部门策划直播"硚口区新时代文明实践优秀项目路演大赛""载誉巡礼 硚见榜样"硚口区先进典型人物主题展示交流以及"理论实践面对面"等各类群众性活动，充分体现形成辖区宣传内容大融合，高效贴心服务百姓所需，不断丰富群众文化生活。另一方面，与优质企业做好链接融合，遵循"东中西"覆盖原则，中心分别在云尚、宜家、越秀开辟了慢直播点位，给受众提供一种独特的参与感和身临其境的沉浸式体验。在屏幕中，受众不仅可以看到汉正街商户们忙碌打货的景象，还可以聆听到旧城改造片区"轰隆隆"的施工声，更可以实时欣赏到汉江湾公园游人如织的盛景和秀美风

图3 硚口发布图例

光，看似枯燥乏味的画面实际上调动了受众的求知需求，在观看过程中可尽情发挥自主性聚焦细节并解读场景、参与互动，这样一个实时记录且原生态的呈现可以让更多的受众全方位、多视角地见证和感受硚口的过去、现在与未来。中心又开创了武汉先河，为丰富慢直播展播内容，首次与直播中国、CCTV新闻频道进行合作，可24小时转播央视网时政新闻及节目内容，展示中国"五位一体"新发展新面貌，平均每天浏览量达30余万人次，慢直播的展播，真正开拓了大众视野，构建了融媒宣传"大格局"。

图 4　硚口发布图例

五、拼态度，创品牌，实现融媒"新飞跃"

媒体深度融合，我们做好两手抓：一手抓人才、一手抓品牌，始终坚持"人才至上、内容为王"，围绕区委、区政府的中心工作，把好新闻作为拳头产品来追求，精心策划，创建品牌，重磅出击。

一直以来，融媒体中心本着"向上、向善、向好"的踏实努力态度，一方面，抓好人才建设。现融媒体中心全体员工仅13人，虽然人员少任务重，但在主任的带领下，已形成一支精兵强将的团队。一是注重梯队建设，坚持党管人才，建立人才工作一把手总负责、职能科室具体抓的工作机制。注重发展35周岁以下的优秀年轻党员干部作为人才储备库，确定培养好入党积极分子和发展对象各一名；通过武汉市选聘生招考，招录1名中国地质大学硕士研究生加入团队，提高了中心人才队伍的整体专业水平。二是注重人才培养。2023年，以融媒体中心建设为契机，深入开展学习提升年活动，坚持走出去、请进来，先后选派骨干力量到省市参加各类实践培训学习，邀请专业制作团队和业内专家授课，帮助新闻工作者转变思想、开拓视野。另一方面，抓好品牌建设。今年开年以来，硚口融媒团队不断向外探索、向内求索，开发新版块，打造新品牌，在"硚口发布"内容上进行突破性创新，开辟了《你好硚口》《新时代·新硚口》《硚小布探店》等专栏，讲述了《名校巡礼》《厉害了，硚口非遗》等系列故事，以系列报道宣传辖区部门的工作成果和地域特色，为硚口区民提供身边最鲜活的资讯，展现新时代新硚口的新面貌。其中《你好硚口》专栏，每日通过"图片+软文+音视频"进行多内容呈现，传播硚口好声音、展现硚口好形象；《新时代·新硚口》专栏，通过深度走访11条街道，多渠道挖掘基层故事，传播基层声音，展示基层风采；《硚小布探店》专栏，以贴近年轻人的语言和风格，探访辖区潮流首店、特色小店、经典老店，为本地受众提供最新鲜的一手探店资讯；《名校巡礼》专栏，翔实介绍辖区教育资源和教育成果，营造良好的教育氛围，树立教育强区的城市形象；《厉害了，硚口非遗》专栏，通过与非遗代表性传承人面对面对话，不仅展示了湖北非遗项目从保护传承到创新发展不断进阶的成果，也展示了非遗代表性传承人的工匠风采。在融媒体人的共同努力下，"硚口发布"坚持每天更新信息，及时转载重大公共新闻，推出一大批优秀的融媒体作品，强化"硚口发布"政府服务功能，成为人民群众爱看、爱用的本地媒体。截至目前，硚口融媒体粉丝量突破224万，"硚口发布"微信公众号粉丝量突破210万+，从2023年6月以来，在荆楚网统计的湖北区县微信排行榜中，"硚口发布"排名跃居第三；"硚口发布"原创作品《走，利济北路过早克》荣获2023年第一季度武汉市"网络优秀作品奖"三等奖的好成绩。

新形势下，硚口区融媒体中心虽然取得了可喜的成绩，但在积极推进媒体融合发展创新方面还需进一步提高。全国宣传工作任重而道远，融媒工作如何做到

图5 2023年媒体融合发展研讨培训班现场

图6 硚口公众号图例

序号	公众号	文章总数	阅读总数	在看总数	最大阅读数	点赞总数	WCI
1	大成武昌	152	113W+	13700	47826	27485	1180.57
2	最红安	366	115W+	34889	38421	36464	1144.25
3	硚口发布	429	122W+	2228	84763	7345	1102.41
4	汉阳知音	65	61W+	1617	54823	11671	1069.51
5	大冶发布	97	60W+	7402	27670	9677	1055.36
6	文明利川	127	70W+	894	47750	3336	1029.08
7	雄风当阳	64	52W+	2559	39408	4349	1027.54
8	掌上宜都	80	53W+	3153	27022	3908	1011.87
9	江夏融媒	141	69W+	1091	25175	2990	1007.94
10	房县在线	210	73W+	2216	13199	3957	992.87

图7 硚口发布数据排名

"忽如一夜春风来，千树万树梨花开"，又如何做到从"你是你、我是我"到"你中有我、我中有你"再到"相融"阶段的"你就是我、我就是你"，做到真正的互融互通互享，需要我们每一位媒体工作者继续努力攀登和探索！

作者及所属单位：
张　昆　武汉市硚口区融媒体中心办公室主任

乡村振兴视域下的融媒体直播带货路径探索

——以钟祥市融媒体中心为例

朱 莹 王子同 宋 扬

党的二十大报告中明确提出，全面推进乡村振兴，坚持农业农村优先发展，加快建设农业强国。如今，伴随信息化社会的不断发展，新媒体的影响力愈发强大，而县级融媒体中心更应抓住数字媒体时代带来的难得机遇，充分运用信息革命成果，加快构建融为一体、合为一体的全媒体传播格局，推进县域媒体媒介的现代化，从而服务于当地农业农村发展，推动建设具有强大传播力、引导力、影响力、公信力的"四力媒体"，形成网上网下同心圆的主流媒体传播格局，推动乡村振兴战略中的媒介正能量更强劲、主旋律更高昂。

随着信息技术的迅猛发展和互联网应用的日益普及，直播带货作为一种新型的商业模式，在融媒体时代背景下迅速崛起。直播带货以其独特的互动性和实时性，为商家和消费者之间搭建了一座桥梁，成为电商领域的一股新势力。尤其是在移动互联网、5G技术、短视频以及电商购物的推动下，电商直播带货日益成为农产品销售、品牌推广以及商业营销的新渠道和新手段。作为整合各类媒体资源、实现信息高效传播的重要平台，直播带货的兴起为融媒体中心提供了全新的发展机遇。融媒体中心借助其强大的媒体资源和传播优势，通过直播带货的形式，为各类产品提供了更加广阔的市场空间和营销渠道。

融媒体时代，在党中央决策部署下，县级融媒体中心已成为服务乡村振兴战略的一支重要力量。如何进一步推动县级融媒体中心纵深发展，[1] 高效发挥全媒

---

[1] 范晓莉. 乡村振兴背景下农村"新媒体+电商+直播"策略探析 [J]. 中国商论，2022，868（21）. DOI：10.19699/j.cnki.issn2096-0298.2022.21.025.

体能量,充分结合本地县情,立足当地特色,通过直播带货助力乡村振兴成为当下各界探索的命题。

一、融媒体中心和电商直播带货有机融合的意义

(一) 政务商务融合创新,拓展影响辐射范围

县级融媒体中心作为宣传主流舆论的重要平台,最根本的职能作用体现为新闻宣传功能,长期以来主要采用传播时政新闻的途径形式,体现融媒体中心在县级范围内的主流媒体地位,县级融媒体中心现有的辐射影响范围将会直接关系到融媒体中心的良好形象的实现,同时决定了融媒体中心在巩固新闻舆论传播地位中的实践效果。近年来,县级地区的融媒体中心已经普遍采用了政务加电商直播带货的实践创新做法,从电商直播带货的角度,二次撬动县级地区广大企业和群众的需求,重新塑造了媒体和受众之间的关系,建立全新的连接,实现媒体与受众之间的深度融合,扩展融媒体中心的辐射带动范围,充分显示出县级融媒体中心特有的强大影响效应。

(二) 以文化需求服务文化供给,加速乡村文化传播

乡村文化振兴是乡村振兴的本质特征和重要组成部分。现今城市居民对于田园生活的精神向往与心理满足往往都来自各类互联网媒介的描绘。[1] 在数字媒体发挥主导作用的乡村文化传播过程中,各地县级融媒体中心充分发挥直播带货的作用,把握好当下乡村媒体发展的机遇窗口也成为时下迫切的现实需要。

广大农村有着还原本真的自然生态,网络媒介平台的"三农"题材类短视频近年来发展迅猛,今日头条、UC头条等视频平台都致力于开辟"三农"频道的新兴内容领域。如果将县级融媒体中心与电商直播带货进行科学、合理的融合,让直播带货得到县级融媒体中心信息技术、媒介及平台资源的加持,发挥更为广

---

[1] 李丽丽,赵婉华.乡村振兴视域下电商产业集聚对农村消费升级的影响[J].商业经济研究,2023,866(7).

阔的潜力，加速乡村文化产业的发展。

（三）从无序走向有序，充分满足人际交互需要

社会的本质是人与人之间的交互，和谐的交互关系是人们在相互交往的社会过程中不断形成的实践结果，然而在当下的乡村媒介化社会发展过程中，信息手段和互联网技术发展往往呈现出各自独立的发展态势，不同的个体创作者从自己的角度出发，无章法、无节奏地进行随意取材和拍摄与粗糙剪辑加工，作品质量参差不齐，既无法满足自身社会化互动的需要，也尚未形成统一的乡村文化凝聚力。

根据 CNNIC 第 53 次调查报告数据，当下农村网民规模为 3.26 亿，占网民整体的 29.8%。电子商务有力拓宽农产品销售渠道，2023 年全年全国农产品网络零售额达 5870.3 亿元，增长 12.5%。然而我国农民总体年龄偏大、知识水平不高、数字化素养欠缺、学习能力不足，这都让农民开展农产品平台型电商实践变得困难。融媒体中心进入电商直播带货领域，能为农民进行专业化的培训，引导农村创业者积极地参与网络电商直播，以更加饱满的精神状态面对镜头。同时，直播作为高互动性的带货形式，为当地村民对外交流、沟通提供了更为广泛的平台，充分满足了人们的人际交往需要。

（四）融媒助农兴农，培育绿色经济增长动力源

当下，人们对信息的需求仍然处于不断上升之中，在融媒体中心的平台支持下，如果将电商直播带货与融媒体中心进行有机融合，就可以更好地推动前沿信息技术在乡村居民的生活中得到广泛的应用，从而促进乡村产业经济发展。大数据和信息技术的普及与应用使得乡村居民致富有了更好的发展契机。在融媒体中心与电商直播带货进行融合与连接之后，可以为各乡村建设形成一个综合性服务平台，为乡村居民提供必要的基本生活信息与电商合作平台，① 二者的融合最终可以推动乡村经济的发展。电商直播带货和融媒体中心的融合，不仅仅是媒介技

---

① 孙可. 数字经济背景下农村电商赋能乡村振兴：价值意蕴、制约因素与推进路径[J]. 农业经济，2022，428（12）.

术、相关设备的简单融合，更是为乡村电商产业诞生了一个对外沟通与联络的桥梁，为乡村的产业和经济发展提供持续有力的保障和平台。① 县域党政干部也可积极参与县域特色农产品直播带货，如邀请县长、镇长、村民委员会主任等参与县级融媒体中心直播带货，以官方身份为乡村品牌、乡村产品代言，吸引更多外界流量关注，多措并举、有机结合，共同推动乡村文化产业的发展，培育生产、生活和生态三者共生的绿色经济增长动力源。

二、钟祥市融媒体中心电商直播带货的实践运行现状

（一）平台优势为乡村振兴注入新动能

县级融媒体中心建设不仅是国家治理的一种方式，也是提供民生服务的一种重要渠道。钟祥市融媒体中心直播带货平台的打造，以围绕中心、服务大局为宗旨，充分发挥县融直播间的独特作用，用互联网思维探索乡村振兴新模式、拓宽乡村振兴新思路、打造乡村振兴新亮点，通过互联网渠道帮助农民直播带货，助力乡村振兴。

2022年，钟祥市融媒体中心联合市农业农村局、商务局等部门，正式启动助农直播带货活动，将钟祥各地具有浓郁乡土特色的优质农产品搬上电视直播间，以"云上钟祥"为平台，积极开展直播带货活动。钟祥融媒有效调动和整合各方力量，通过"融媒""电商"携手为家乡代言，探索"媒体造势、电商卖货、群众受益"新模式，进一步拓宽本地农特产品销售渠道，推介钟祥好物，变关注力为购买力，变流量为销量，为乡村振兴注入新动能。

（二）主播优势点燃乡村振兴新引擎

作为商业领域的新业态新模式，近年来，国内直播电商呈现迅猛发展态势。2024年2月29日，艾瑞咨询发布《2023年中国直播电商行业研究报告》显示，

---

① 陈梓楠. 农村电商与乡村振兴的相互作用分析 [J]. 中国农业资源与区划, 2022, 43 (10).

据艾瑞测算，2023年中国直播电商市场规模达到4.9万亿元，同比增速为35.2%，尽管行业增速相较于行业发展早期出现一定下滑，但根据2023年的市场表现来看，行业依旧在释放增长信号。如今的直播间流量，不仅仅属于明星或者娱乐主播，带货主播、网课老师等都是直播间的主角，而在农副产品的直播间里，政府主导的直播带货发展势头更加强劲。

钟祥市融媒体中心的直播带货采用了"地方领导干部+融媒主持人"的双主播模式：领导干部亲自下场参与直播带货不仅能吸引网民关注，起到积聚流量的作用，促进钟祥本地农副产品销售，还能通过这种接地气的形式展示推广当地形象，激发出当地群众爱护家乡的热情；融媒体中心主持人变身网络主持人，凭借长期积淀形成的权威性与专业性，相比素人主播能更加快速获得用户流量及用户信任，从而扩大主流媒体带货销量，通过好口才助力钟祥好物走出大江南北，走进千家万户。2022年下半年—2023年，钟祥市融媒体中心已全面启动镇长直播带货活动，对长滩、东桥、客店、张集、九里等地开启了十余场直播带货活动，在助企纾困大背景下，直播带货架起了企业与市场之间的桥梁，充分发挥了各个乡镇的特色优势，让本地产业向农文旅融合发展的方向前进，通过持续不断地向外推介助力乡村振兴。

（三）产品优势为直播带货带来新亮点

钟祥市是传统农业大市，享有"全国粮食生产先进县""全国双低油菜生产大县""生猪调出大县"等称号，是国家重要的农业综合商品生产基地，全市农业在全省乃至全国占有举足轻重的地位。近年来，依托得天独厚的农产品资源，钟祥市农产品加工业规模不断壮大，加工业水平不断提高，张集葛粉、胡集麻鸭、旧口萝卜皮等一大批绿色优质农产品享誉全国。钟祥融媒体中心"寿乡嘉品"直播间正是有了这些颜值高、性价比高的产品支撑，才让网友产生了购买欲并拥有良好的购买体验，形成持续不断的购买行为。2022年下半年以来，钟祥市融媒体中心直播间帮助农民售卖农副产品达500余万元，好产品依托好平台带来了好销量，有效带动了钟祥的产业发展，"寿乡嘉品"已成为钟祥直播带货第一品牌，闯出了一条产业发展的新路子。

（四）融媒体直播车拓宽技术护城河

直播带货是一种新兴的媒体传播方式，在媒体表达形式上既包含了信息传播又包含了商品销售，在媒体传播形式上以移动互联网传播为主，直播的时间和地点往往不固定，时效性、趣味性和互动性较强。

2022年9月13日，钟祥市融媒体中心4K超高清5G直播车正式交付使用，标志着钟祥融媒4K时代的到来。全媒体4K超高清5G直播车采用中国重汽汕德卡G5重型牵引车作为动力系统，整车长10米，高4米，采用箱式单侧拓展方式，作业面积达30平方米，可同时容纳15人在车内工作。车内分视频制作区、音频管理区、技术区、新媒体区，视频采用"6+2+2"4K讯道摄像机系统，即6套4K超高清讯道机、2台飞行器或摇臂讯道、2台斯坦游机无线传送，向下兼容高清格式，配合4K数字切换台、4K监看录制系统、4K矩阵控制切换系统、通话导播系统、5G和光纤传输系统，最终完成信号的现场直播、共享、回传、云端发布等。这辆直播车开启了县级融媒体中心4K超高清转播车的先河，不仅能满足承担新闻类直播、体育赛事等节目的现场录制和直播等任务，同时兼备了互联网多媒体直播的功能，保证了清晰丰富的图像信号、丰富且具有亲和力的人声音频信号，极大提升了广大受众的主观收看感受，补齐了传统广播电视直播技术设备系统"硬件设备繁重、技术保障团队庞大、成本高昂"等短板，可以有效提升受众黏性，强化口碑，从而收获更多的经济效益和社会效益。

三、钟祥市融媒体中心直播带货的完善路径

（一）加快体制机制优化改革，推动融媒电商直播生态良性发展

习近平总书记指出，媒体融合发展到今天，克服和解决深层次矛盾问题，关键在于"体制机制"。体制机制改革被视为媒体深度融合的突破重点，也是新型主流媒体平台化建设的关键支撑。融媒体中心电商直播是媒体融合发展的重要深耕领域，要想取得突破性进展需要打破过去纷繁复杂的管理模式，克服体制机制改革难题，通过实践暴露基层融媒体中心建设的不足，改善自身造血模式，找到

融媒转型的突围之策，从根本上维持融媒电商直播生态的良性运营，从而建设新型主流媒体，实现融媒转型、村民致富、乡村振兴的三赢局面。

（二）培养专业直播带货人才，打造高效媒体电商团队

相较于入局更早的商业化电商直播企业机构，广播电视媒体系统的直播团队面临着定位稍显模糊、主播人设不清晰等影响融媒体电商直播生态良善发展的难题。针对这一困境，钟祥市融媒体中心要求全体干部职工思维一定要跟上时代的变化，通过高频次开展"练兵提能"夜学活动，集中学习直播带货相关业务知识，让全员轮流分享直播带货经验与心得，构建高效直播人才队伍，为培养多栖融媒体从业者打牢坚实基础。

主播是电商直播的灵魂，优秀的主播自带流量。为增强钟祥融媒体中心在直播电商行业的竞争优势，还需发力打造更有记忆点的主播人设，一方面，"向内挖潜""就地取才"，充分挖掘本中心有特色的员工成为主播，并协助其创造更加鲜明的形象，比如主持风格和外表；另一方面，"眼睛向外"，引进"外才"，在直播队伍中招揽专业直播运营人员，为主播量身策划、打造清晰有特点的人设，提升直播出圈概率，构建更为高效的直播带货团队。

（三）细分消费群体需求，专注合作优质产品厂商

网络直播带货成交行为的两大关键是用户和货源，因此，为拉升销量，提高成交率，直播团队需了解和充分掌握电商用户需求，研究用户画像，充分掌握用户需求，不断调整直播技巧，积极引导、服务用户，将部分用户从无感的旁观者转化为积极的消费者，用具有针对性的专业化内容满足用户的需求，实现订单量的增长和影响力的提升。

除了服务好用户，钟祥市融媒体中心直播间还需深耕优势领域，将过去发展过程中积累的优质企业资源整体盘活，并不断挖掘、寻求新优质企业的合作加盟支撑直播，筛选出更高质量、高性价比的品牌商品供消费者挑选，这样既能保证品质，杜绝高退货率，避免因商品质量不佳导致媒体口碑受损情况的发生，还能维持融媒体直播电商生态的平稳运行与健康发展。

（四）乘生成式 AI 技术东风，积极布局数字人主播

数字人主播作为 AI 技术的一种应用，借助 AIGC 能够与用户实现交互，能够实现 24 小时不间断直播，降低人力成本，同时通过数据分析更好地理解用户需求，提供个性化推荐。随着生成式 AI 技术的发展，县级融媒体中心在直播带货中的应用将更加广泛和深入。AI 技术提供个性化内容生成、智能互动等功能，将提升直播带货的互动性和用户体验。乘着生成式 AI 技术的东风，钟祥市融媒体中心直播带货的未来发展趋势将更加多元化和智能化。它不仅将拓宽商品和服务的范围，还将成为品牌推广的新渠道，同时助力乡村振兴和文化传播。

四、结　语

钟祥市融媒体中心与乡村电商的融合实践，应是一个科学、合理、有效的过程，目标一致、相互促进，唯有这样才能推动乡村经济有效、良善地健康发展，乡村文化氛围也由此更加浓厚。在乡村的数字化转型过程中，县级融媒体中心应发挥更加积极主动的作用，以绿色的乡村发展绿色的文化，以绿色的乡村振兴绿色的文化，这既是乡村文化的兴盛之路，也是乡村振兴的前进方向。

作者及所属单位：

朱　莹　湖北长江云新媒体集团大数据中心监测研判组主管

王子同　湖北长江云新媒体集团商务专员

宋　扬　钟祥市融媒体中心党委委员、副主任

学界融媒观察

媒介认同论视角下湖北省县级融媒体中心内容生产的"深度融合"问题研究[①]

邓翠平

2018年，习近平总书记在全国宣传思想工作会议上强调县级融媒体中心的建设重点在于"更好引导群众、服务群众"，中宣部部署到2020年年底基本实现县级融媒体中心的全国覆盖。截至2022年8月，全国范围内已有2585个县级融媒体中心建成运行，基本实现了主流媒体打通服务群众"最后一公里"的阵地布局。《中国新媒体发展报告（2021）》显示，我国县级融媒体中心建设已经从整合机构搭建平台的粗放式发展阶段，跃迁到注重协同创新、服务升级和社会治理的增效发展阶段。而未来的发展趋势，在"十四五"规划中有了明确愿景，就是"建强用好县级融媒体中心"，打造新型主流媒体的核心竞争力，强化并巩固主流媒体舆论阵地的舆论引导力。在此背景下，如何增强县级融媒体中心的融合传播效能，塑造主流舆论新格局，是摆在湖北省县级融媒体中心面前最紧迫的课题。

一、问题的提出：媒介认同论视角下的湖北省县级融媒体中心的"深度融合"问题

自2018年以来，关于县级融媒体中心的研究成果也在日渐丰富。在增强县

[①] 本文系武汉传媒学院青年科研团队"网络舆情热点事件研究"项目（项目编号：XJTD2023014）相关研究成果。

级融媒体中心的传播效能方面，学者金燕博、丁柏铨认为，要提升县级融媒体中心的核心竞争力，需要提升以"引导群众+服务群众"为核心的"软融合"，最大程度地为媒体与当地受众提供密切联系。① 学者郭旭魁从传播物质性视角提出了县级融媒体作为新的数字传播媒介应该扎根县域范围，重建其在地方感中的价值，才能最终提升舆论引导效能，促进认同达成。② 学者高晓瑜、李开渝从媒介社会学的视角研究县级融媒体中心作为乡村共同体多重性表达的场域空间，实现在地与虚拟的双重共在，以及通过仪式性媒介时间的展演实现共时性连接，重构乡村共同体。③ 学者卢剑锋从媒介空间论视角研究县级融媒体在乡村治理中存在"创造'共在'""建立认同""争取平等"和"优化景观"四个方面的潜力。④ 学者们从传播学的各个视角考察县级融媒体，探讨媒介与地方社会互动的过程，在这种互动过程中，需要增强媒介与当地县域人民群众的情感联系，需要强化媒介对当地县域人民群众的价值，实现与人民群众的深层次、全方位的融合，如此才能持续激发基层社会民众的主体性力量，也才能提升媒介的舆论引导力与核心竞争力。地方空间性的取向注重媒介用户的实践体验，将县级融媒体与地方性经验与情感连接在一起，为笔者从媒介认同论视角考察湖北省县级融媒体中心建设中存在的问题提供了启发。

"媒介认同"，指的是在一定社会文化体系中，人们对媒介组织及其社会运行所持有的认同形式，实质上是人们产生的一种具有一定归属性的情感。⑤ 媒介认同的本质是人们对于媒介产生的归属感与价值共鸣，其核心在于媒介及其组织在与用户进行社会交往的过程中能够多大程度上满足用户的价值诉求。县级融媒体的媒介认同对象主要是县域内的人民群众，核心在于满足地方人民群众的价值诉求，包括其精神需求和物质需求等各方面。落实到实践之中，就是如何更好地

---

① 金燕博，丁柏铨.落点·触点·支点：县级融媒体中心建设中的"深融合"[J].传媒观察，2022（10）.
② 郭旭魁.重建地方感：作为传播物质性的县级融媒体与地方性空间生产[J].编辑之友，2023（6）.
③ 高晓瑜，李开渝.媒介化时空：县级融媒体重构乡村共同体研究[J].编辑之友，2022（12）.
④ 卢剑锋.县级融媒体中心的传播效果与评估路径[J].传媒，2023（10）.
⑤ 李爱晖.媒介认同的本质、核心及建构方式[J].当代传播，2019（3）.

"引导当地群众、服务当地群众",加强同当地群众的血肉联系,实现与人民群众的"深度融合"。笔者拟沿着这一思路,尝试对湖北省县级融媒体中心的全方位"深度融合"建设困难及解决路径等提出自己的见解。

二、湖北省县级融媒体中心"深度融合"的现实与特点

媒介是为满足人民群众在劳动实践和社会交往活动中的信息需求而产生的,地方媒介具有明显的地方特色,满足本土群众的信息与情感需求就是其价值所在。学者金燕博、丁柏铨将未来县级融媒体中心的发展称为2.0时代,强调未来县级融媒体中心提升软实力和核心竞争力的关键已经不是技术和设备问题,而应回归内容生产,以"引导和服务群众"为核心目标,通过"内容生产+媒介生态+地方文化+社会治理"等方式与人民群众进行"真融合""全融合""深融合"。本文以湖北省县级融媒体中心作为考察对象,探寻其在"内容生产+媒介生态""内容生产+地方文化""内容生产+社会治理"方面的现状和特点。

(一)全媒体转型:内容生产与媒介生态的"深度融合"

与移动新媒体平台广泛融合,让寻常百姓触眼可及。新媒体平台的传播优势在网络媒体时代已经得到验证,而新媒体平台的传播力和影响力也在呈螺旋式上升状态,从早期的博客、微博、客户端到微信公众号、今日头条,再到如今的抖音、快手等短视频平台,热点新媒体平台一直在更新迭代,而湖北省县级融媒体中心抓住了这一规律,顺应视频化传播趋势,实现了与热点新媒体平台的同频共振。据长江云大数据统计,截至2022年,湖北省有88个县(市、区)已开设有312个政务抖音账号,账号数较2021年新增6个,平均每个县(市、区)账号数将近4个,大批量的视频化传播让本地新闻资讯飞入寻常百姓家,可以满足地方群众的信息需求,让人民群众都能"看得见""听得见"。

构建"中央厨房"系统,再造新闻生产流程。湖北省县级融媒体中心基本已完成了新闻生产的"中央厨房"系统,实现"一次策划、一次采集、多种生成、全媒传播"功能,形成电视、广播、报纸、网站、客户端、微博、微信、短视频(抖音号、视频号)等平台的传播矩阵。如广水市融媒体中心的"中央厨房"系

统，就以功能分区，"新闻采编中心"完成策划与新闻信息采集，"图文编辑中心""视频制作中心""广播电视技术中心"完成信息生产与编辑，"全媒体运营中心"完成"云上广水"客户端、"广水发布"微信号、"活月广水"视频号等品牌账号的信息发布与运营。湖北房县融媒体中心更是巧借外力，主动进驻央视新闻+、新华社现场云、人民日报人民号、长江云、抖音等有影响力的平台，打通房县融媒与中央、省、市媒体通道，尽可能扩大自己的传播面和影响力。

（二）深耕本土：内容生产与县域文化"深度融合"

媒介认同的本质是情感，情感产生的前提之一是接近性，接近人民群众的劳动实践，接近人民群众的社会交往实践，具有共同的话题与经历的人们更易产生共同的心理期待。县级融媒体的特殊性正在于此，每个县级融媒体传播和承载的地方文化与地方情感都是所在区域的人们以及游子们念兹在兹的情感源泉。县级融媒体中心要增强自身的"软实力"，做强做好主流媒体的主力军，归根结底还是要在独特性上做文章，在县域范围内精耕细作，挖掘本地独特的地理、人文、历史、政治、经济等文化，在千篇一律中独树一帜，才能在百花争艳中脱颖而出。

深耕本土，地方新闻传播是主流。各级主流新闻媒体定位不同，县级融媒体中心作为舆论传播体系的毛细血管，贴近基层的新闻信息传播才是支撑其良性互动的主体。湖北房县融媒体中心制作图文产品《房县战"疫"十二时辰》将权威信息以网民喜闻乐见的 H5、长图、动漫、海报等形式及时传达到房县人民群众之中，既能满足本土民众的信息诉求，也能激起强烈的情感共鸣。湖北红安县融媒体中心发布的新闻《定了！武汉轨道交通延伸至红安！》发布不到 2 小时阅读量便突破 15 万，显示了地方新闻的重要性。2022 年年初，湖北赤壁市老城区一条主干道的主水管爆裂，赤壁市融媒体中心第一时间通过云上赤壁等主流媒体发声，告知市民爆裂原因、检修情况、恢复时间，消除市民疑虑，获得市民理解。湖北省县级融媒体中心在"地方性"新闻上做文章已经形成共识，立足地方才能扎根群众，才能真正做到从群众中来，到群众中去，真正做好"引导群众、服务群众"。

立足本土，引领打造地方文化品牌。县级融媒体中心讲好中国故事，传播好中国声音的重要路径是做深做实本地的正面宣传，同时更要打造有生气、接地气的融媒体精品，引领并重塑地方文化，丰富中华文化的形式与内容。长江云大数据显示，县（市、区）各平台内容中原创的本地化内容占比逐年提升，年平均增长率约为34.1%。各融媒体中心在抖音、微信公众号、微博、网站上的原创率都在稳步提升。广水融媒的"月广水"官方抖音号粉丝量接近10万，其制作的《改善人居环境 我们一起行动》《广水万人相送英雄凯旋》《醉美观音》《普惠金融启新航》等短视频作品都广受好评，成为爆款。各融媒体中心将贴近群众、贴近实际、贴近生活的融媒体作品与宏大主题相结合。赤壁市融媒体中心制作了《学习二十大 一线看落实》《美好环境与幸福生活共同缔造》《迎战高温 抗旱保收》等具有地方特色的主题宣传报道。广水融媒推出了《百年梦想、百年跨越——追寻红色踪迹、谱写灿烂篇章》《一图读懂全市三级干部大会精神》等主题报道。红安融媒体中心则围绕"红安红"做文章，在"三八"国际妇女节推出了《致敬385名红安巾帼英烈》播放量超10万，在清明节推出了《隔空对视，向140000红安英雄儿女致敬!》播放量30万+，而致敬革命先烈《如愿》MV，先后在人民网、央广网、中国青年报、湖北发布、青春湖北、湖北日报等媒体上发布，成为第二个"千万+"爆款作品。

（三）社会治理：内容生产与本地民生"深度融合"

县级融媒体中心作为承担着"治国理政新平台"职责的主流媒体，在本土社会治理中负责搭建政府与民众的沟通桥梁，也行使媒体和民众的舆论监督职责，同时服务社会服务地方经济社会发展。县级融媒体中心与地方经济、社会发展的联系越紧密，与人民群众的融合度越深，媒介价值越能得到实现，其传播力、影响力、引导力、公信力自然也会水涨船高。湖北省县级融媒体中心在社会治理上注重将内容生产与本地民生民意深度融合，走出了一条"新闻+政务服务"的本地化治理路径。

深化"媒体+问政"模式，为群众参政议政搭建平台。赤壁市融媒体中心创建云上赤壁问政"四单"（市民群众"下单"、问政平台"派单"、单位部门"接单"、纪委监委"督单"）服务品牌，收集群众对政府部门工作的意见建议，将各部门置于人民群众的监督之下。月均处理咨询、投诉、求助等信息70余条，回复率100％，处理办结率达到98％，助力解决市民群众急难愁盼问题。南漳融媒体中心通过"南漳发布"微信公众号搭建线索征集平台"城乡治理随手拍"，面向全县百姓征集城市管理和乡村治理中存在的九类突出问题，全县74个部门（镇区）根据各自职能职责限时整改，办理结果由"南漳发布"向大众反馈，并进行跟踪报道。湖北省县级融媒体中心搭建了政府部门与群众"共建、共治、共享"的新媒体平台，扩大了政府与社会之间的交流渠道，有效破解了基层社会中"看得见的管不了，管得了的看不见"的治理难题，形成了"群众-媒体-政府"之间对话互动的良性循环，彰显了县级融媒体中心网格化、信息化、智能化的特色。

深化"媒体+服务"模式，在便民利民上深度融合。湖北省县级融媒体中心履行基层社会治理责任的一个共同路径是在移动媒体终端上提供各种政务、生活、资讯服务，让群众少跑路，提升群众对媒介的依赖性，增强群众对媒介的使用黏性，增强媒介认同感。"云上广水"开通"云缴费"，广大市民可以直接在此平台上完成水费、电费、电视费等生活缴费。"云上南漳"客户端开通"智慧生活""交通出行""便民查询"等便民服务项目，实现本地资讯、公共服务、商业信息等各方面信息顺畅流通，满足基层群众需求。

扩大"媒体+直播"模式，融媒平台可以助力城乡经济社会发展。湖北房县融媒体中心自成立以来，先后组织开展了"直播送岗""消费扶贫你我同行——特色产品展销""游西关老街美景 赏房县特色文艺""餐饮安全 你我同查"等30余场次网络直播。红安融媒体中心利用红安融媒平台建立电商直播带货渠道，助力红安文旅融合推介、农产品销售；开展会务会展活动服务、直录播、文艺活动、户外广告，参与影视剧拍摄等，逐步做大做强红安红色文化产业。

三、湖北省县级融媒体内容生产"深度融合"面临困境及破解之道

内容生产的"深度融合"是建强用好县级融媒体中心的必然选择，也是进一步增强"引导群众、服务群众"能力，增强与群众的血肉联系，提升百姓对媒介的认同度，提升新闻舆论的传播力、引导力、影响力、公信力的重要途径。然

而，当前湖北省各县域融媒体中心发展不平衡现象依然严峻，从长江云大数据中心近5年的监测数据来看，县级融媒体中心的建设依然呈现"两极分化"的趋势，内容生产"深度融合"建设依然存在很多问题。就其面临的困境及其破解方向，结合湖北省及国内其他县级融媒体中心建设的典型经验，笔者有如下建议。

（一）渐进式改善媒介生态环境

许多县级融媒体中心受限于传统媒体思维，依然将自己定位于广播电视和互联网的延伸，习惯于传统媒体的工作模式，对于"中央厨房"的生产模式消化不良。

因此，需要从体制机制上进一步改善融媒体生态环境，促进传统媒体与新媒体的实质融合。根据融合媒体的战略定位，作为基层主流舆论阵地，要进一步提升领导层的理论认知，深入学习习近平新时代中国特色社会主义思想，与时俱进培养互联网思维，设计符合信息时代发展要求的组织结构和人事、财政、薪酬等管理制度。在体制上推行事业单位企业化运营的政策，采编与经营分离，项目市场化管理。在组织结构上，根据"中央厨房"生产模式，实行采集、制作、分发、服务各链条的中心制、部门制组织结构，甚至可以为品牌项目成立工作室，灵活高效运营。

在人才队伍建设上，坚持对外引进与对内培育相结合，改革薪酬体系与晋升体系，培育和激励员工向全媒体全能型发展。对外引进人才时，受限于资金和地域困境，可以采用柔性引才方式打造新闻生产共同体：一是公开网络爆料平台和热线电话，扩充"线人"队伍；二是在各级政府以及各行各业中以网格化形式广招新闻通讯员；巧借外部智囊，广邀专家学者打造特约评论员队伍等。同时，在培养新一代融媒体人才时，可以通过与省内传媒院校进行产教融合的战略合作，引导毕业生进入县级融媒体就业，补充新生力量。对于引进的优秀人才，打通晋升渠道、提升薪酬水平，用待遇留人，用感情留人。对内培育依然是人才队伍建设的主要途径。需要针对老中青各类群体开展相应的学习培训，并让中青年骨干人才积极走出去，学习各地先进经验，取长补短。

在传播新技术的引进和应用上，必须保持对新技术的敏感性。科学技术是第一生产力，新旧媒体融合创新的关键因素就是各种传播新技术的驱动。虽然融媒体中心基本已经建好了融媒体平台,但具体应用却存在很多技术问题。加强对工作人员的培训与考核,将5G、大数据、云计算、AI、VR等前沿技术深度融入县级融媒体的平台建设与运营之中,在内容生产、传播分发、媒体服务全流程可持续发挥作用。

(二) 全方位挖掘地方文化精髓

县级融媒体中心的传播形式和传播内容有局限,有待丰富。建强用好县级融媒体中心,首要就是要运用群众喜闻乐见的方式和手段传播党和国家的声音,维护好党和人民群众的血肉联系。但目前很多县级融媒体中心依然停留在传统媒体时代,重要的时政类信息未经过本地化解读,原样转载上级机构或国家级新闻媒体的内容,对年轻群众的吸引力大打折扣。

县级融媒体要认清自己的独特优势,明确自己在中央、省、市、县各层级主流媒体结构体系中的定位。县级融媒体在资金、技术、人才储备上都处于弱势地位,其独特优势就在于基层和一线,最接地气,也最接近群众,可以最快获得最鲜活的新闻和信息原材料。县级融媒体完全可以充分发挥自己的在地优势,深耕细作自己的一亩三分地,为各级媒体提供最鲜活最真实的原始新闻信息,制作出政治导向正确、地方特色鲜明的优质融媒体节目,形成自己的核心竞争力。

在内容制作中,县级融媒体中心应该根植本地文化土壤,同时又超本土化。"内容为王"是融媒体核心竞争力的关键因素,差异化的内容才能避免恶性循环的同质化竞争。例如湖北红安是有名的"将军县",网络传播方面,红安融媒中心主攻红安红色文化,三八妇女节推出《致敬385名红安巾帼英烈》,清明节推出《隔空对视,向140000红安英雄儿女致敬!》以及致敬革命先烈的MV《如愿》等,都成为网络爆款短视频。县内文化传播方面,红安融媒扎根本土,以主题活动和特色人群为抓手,一面丰富县内人民群众的精神文化生活,一面打造红安本土文化品牌,服务地方社会经济教育发展。每个县域的自然环境、风俗文化都各有差异,如红安一般挖掘红色革命遗迹,恩施一般挖掘秀丽山川与民俗风情,天门一般挖掘历史文化,等等,一地一主题,有思想、有温度、有深度的作品并不在于特效与规模,更多在于鲜明特色。

（三）深层次参与社会治理末梢

县级融媒体参与社会治理是应有之义，作为社会治理末梢，需要打通连接群众的"最后一公里"，畅通国家与社会之间的互动交往，更好地"引导群众、服务群众"，则需要尽可能全方位地满足群众诉求。因此，县级融媒体除了做好新闻资讯服务，也需要在"媒体+服务"上动脑筋下工夫。

一是顺应数字化时代潮流，提升融合媒体平台的数字化服务水平。各地县级融媒体中心应积极引进最新的数字技术，打造综合服务型智慧融媒体，此举措不仅可以提升全媒体内容生产体系的工作效率，也能提升融媒体中心的服务水平和业务范围，为产业化运营开拓新的经济增长点。二是改版升级媒体平台，打造全新的立体传播矩阵，新闻传播、政务沟通、便民服务、商务推广等深度融合，成为当地信息枢纽，深度加强与当地政治、经济、文化、教育等的联系与互动。

在提升硬件设施和技术保障的基础上，各地县级融媒体中心还是应该把重心放在"服务"上。根据当地实际情况，逐步推进"融媒体+政务服务商务"的深度融合。在"融媒体+政务"方面，注重党性与人民性的有机统一，坚持正确的政治立场，做好正面宣传与舆论监督的有机统一，保障人民群众的知情权、参与权、表达权、监督权，做好上情下达、下情上达的信息沟通桥梁。在"融媒体+服务"方面，应该积极主动站在群众立场上，做好调研分析，关注群众需求，一方面，满足群众的日常信息需求，如文旅类的景点门票信息、交通类的公共交通信息、拼车信息、工作类的招聘信息、二手市场信息等，能够尽量全面且及时更新，方便检索；另一方面，增加便民服务的小程序，可以与相关的实务部门合作，能够转为线上办理的业务尽量转化为线上办理，减轻群众负担。在"融媒体+商务"方面，结合本地经济发展需求，利用融媒体中心的媒体平台优势，可以发展信息服务产业，为本地的企事业单位提供多样化的服务，如市场营销、活动推广、新媒体运营等，充分发挥自身优势。

四、结　　语

湖北省县级融媒体中心的核心竞争力提升关键在于内容生产与媒介生态、

地方文化、县域治理等的"深度融合",重新构建现代新型主流媒体的传播路径、表达模式和职责功能。这种内容生产与其他方面的"深度融合",既加强了县级融媒体中心的内涵建设,也满足了当地人民群众的物质与精神需求,顺应了他们的价值诉求,提升了县级融媒体在当地的认同感与归属感,从而全面提升传播力、引导力、影响力、公信力,真正做到扎根当地,守好当地的主流舆论阵地。

作者及所属单位:
邓翠平　武汉传媒学院新闻传播学院讲师

浅析县级融媒体中心融合新闻产品交互设置的具体方法①

杨慧霞

2018年8月21日，在全国宣传思想工作会议上，习近平总书记提出，要"扎实抓好县级融媒体中心建设"，把"引导群众、服务群众"作为建设标准。② 我国的媒体融合从以传媒集团"中央厨房"建设为主要特征的第一阶段，迈入以基层"县级融媒体中心"建设为标志的第二阶段。③ 从此，长期处于业界边缘地带的县级媒体进入国家政策关注的焦点区域，县级融媒体中心建设成为打通媒体融合的"最后一公里"，获得政策扶持的发展机遇。

有学者把目前县级融媒体中心建设概括为四种模式。④ 第一种模式为"广电+报业"的"中央厨房"模式。这一模式以北京延庆区融媒体中心为代表。延庆是2022年北京冬奥会的主赛场区县，建设了国内首家区县级"广电+报业"模式的"中央厨房"。第二种模式为以广电为先导的移动传播矩阵模式。这一模式以甘肃玉门融媒体中心为代表，主要是以县域内最具影响力的广播电视台为融合原点，在此基础上嫁接报纸、网站与新媒体，以点带面，形成移动传播矩阵。第三种模式为组建县域传媒集团模式。这一模式以浙江长兴为代表。长兴融媒体

---

① 本文系武汉传媒学院校级科研团队"融媒体报道实务研究团队"（项目编号：XJTD2023013）相关研究成果。
② 习近平. 论党的宣传思想工作 [M]. 中央文献出版社，2020：340.
③ 朱春阳. 县级融媒体中心建设：经验坐标、发展机遇与路径创新 [J]. 新闻界，2018 (9).
④ 朱春阳，曾培伦. "单兵扩散"与"云端共联"：县级融媒体中心建设的基本路径比较分析 [J]. 新闻与写作，2018 (12).

中心由长兴广播电视台、长兴宣传信息中心、县委报道组、"中国长兴"政府门户网站等跨媒体整合而成。第四种模式为借力省级"媒体云"平台模式。这一模式是目前大多数县级融媒体建设选择的模式,主要由中央或省市级媒体建设"媒体云",提供云制作、云汇聚、云转播和运营解决方案,帮助县级媒体打造县级融媒体中心。

县级融媒体中心在蓬勃发展的过程中生产了各式各样的融合新闻产品,这些产品作为基层宣传思想工作和精神文明建设的载体,肩负着提升传播力、引导力、公信力、影响力的责任。为了取得更好的传播效果,县级融媒体中心融合新闻产品尤其要注重作品的交互设置。

一、融合新闻产品交互性的内涵

网络时代带来的传播者和受传者权利的改变,促进了网络传播的交互行为。传者和受者之间的界限被打破,传者可以接收来自受者的信息,改变信息制作内容和方式,成为受者;受者也可以直接参与信息的制作成为传者。传受双方的身份不再是固定的,而是处于动态转换中。在信息传播领域,媒体可以通过作品接收样式以及一些交互环节的设置,让用户更好地参与报道,参与报道内容的制作、传递等。媒体还可以通过大数据统计、云计算等手段向用户发送定制信息,用户则可以通过留言以及选择是否阅读的方式来反馈意见。用户还可以通过阅读其他人的跟评,获取情感和价值的认同。交互是提供新体验和创造乐趣与价值的途径。

基于交互性的融合新闻产品的交互设置可以让用户和报道实现双向互动,基于用户体验、身份背景、个人喜好、思维逻辑,设计相关的互动环节,用户能高效浏览融合新闻产品,并且心情愉悦。在融媒体时代,报道可以借助技术,实现双屏互动、照片识别、语音识别、个性化定制等互动,给用户带来不同的阅读和接收体验。例如用户可以通过自主选择按钮,接收不同的信息;可以在报道里献花、献唱、玩游戏;可以通过报道的一些装置,进行自我检测;可以通过特定方式直接参与事件,与报道里面的人物对话等。融媒体平台相较于传统媒体,最突出的特征是改变了信息单向传播模式,创造了信息传播者和接收者之间随时随地的双向互动传播模式。融媒体时代用户接收信息的体验感得到了提升，不是被动接收报道内容，而是可以按照自己的喜好选择信息接收顺序，或者挑选自己感兴趣部分进行阅读，接收信息的过程不是单纯的阅读，还有各种互动环节。在传统媒体时代也存在互动，受众可以通过写信或拨打热线电话的方式进行反馈。但这种互动程度不深，互动量较少，也不是及时互动，受众对于报道的参与不够或没有参与，对于信息接收方式的选择权不大。融媒体时代信息传播中的互动量大，互动及时，互动方式多样，这些都是传统媒体时代无法比拟的。

二、县级融媒体中心融合新闻产品加强交互的重要性

交互性是区县级融媒体打造高质量新闻产品的重要途径。融媒体的交互性有助于增强新媒体用户的感知价值、获得价值、情感价值与趣味价值。归根到底，融媒体互动可以有效增强用户黏性。因此，区县级融媒体交互性对用户的使用认知具有极大的影响，一方面，高交互性可以有效提高用户的参与感与归属感，增加与民众沟通的频率；另一方面，通过官方渠道积极回复回应受众提出的问题，可以拉近民众与政府之间的距离，从而提升民众对政府的信任。因此，在区县级融媒体网络平台的建设环节，要充分考虑用户"评"的需求，打通用户的评论区，让用户的言论得到充分表达，进而产生官媒主体与客体之间的互动。要充分考虑用户"用"的感受。作为区域性媒体，区县级融媒体中心在网络平台建设环节要充分贴近政务服务实际、贴近经济社会实际。县级融媒长兴传媒集团的H5产品《加入长兴文明创建群和书记县长做朋友》注重互动性，以走进百姓生活平等交流的形式吸引用户。

（一）给用户带来愉悦体验

交互式的融合新闻产品让阅读新闻变得生动有趣，用户以一种边玩边看的方式接收信息。融合新闻产品交互设置首先应该从用户情境去设计，让用户操作的时候感到方便、感到愉悦，这是当今融合新闻产品交互设置的主要方向。

(二) 让融合新闻产品具有创意

融媒体时代，新闻报道内容很难做到唯一性，但是在新媒体技术加持下，报道的交互设计具有很多创意的空间。交互的方式、形式、环节都可以百变出新。即使报道的内容是相同的，由于报道中的交互方式是新颖别致的，也可以让报道独树一帜，具有创意，获得更多的关注。

(三) 有利于融合新闻产品的社交传播

融媒体时代的信息接收注重分享与传播，用户会经常查看朋友圈，当别人都在转发某个报道时，用户也容易被带动，加入转发的行列。转发频率高的报道一方面是报道内容有价值，能吸引大家的关注，但也有很多时候是因为报道本身的交互设置，用户参与了，获得了不一样的体验，希望与大家分享这种体验，进而促进了该报道的社交传播。互动体验式阅读的效果是用户在阅读过程中产生了评论、转发、订阅等行为。

(四) 有利于更好地了解用户

媒体推送包含各种样式的交互报道，通过大数据后台，了解不同用户群体对于不同交互方式的态度和反应，进而了解不同年龄、身份的用户的信息接收心理。在了解用户对于互动内容和形式的喜好后，媒体可以根据不同的推送对象，设置不同的交互环节，或者去改善作品的交互设置，进而提升报道的质量以及投放效果。

三、县级融媒体中心融合新闻产品交互设置的具体方法

(一) 图片的交互设置

融合新闻产品中的图片一般包括照片、名片、漫画、图标等形式。图片的交互分为位图交互和矢量图交互。位图是通过像素点来显示图像，我们常见的照片、手机屏幕截图等都是位图。位图交互方式比较简单，例如点击链接显示图

片，左右滑动显示更多图片，或者点击图片跳转到其他界面等。矢量图也称向量图，是利用图形软件通过数学的向量方法进行计算得到的图形，是由数学定义的直线和曲线构成，我们常见的标志 Logo、卡通图片等都是矢量图。矢量图的交互方式更加丰富，例如点击图片改变颜色、点击图片进行答题等。在 2022 年虎年春节到来之际，央视新闻推出融媒体作品《填色有好礼！央视新闻红包封面来啦》，用户可以通过色块选择为老虎图片进行不同填色。

（二）音、视频中的交互设置

音频和视频是融合新闻产品中经常使用的作品元素。在融合新闻产品中，音视频的交互设置主要体现在给用户自主选择权，通过在作品中设置相关按钮、图片，让用户可以根据自己的爱好和意愿选择是否播放音视频，以及播放的顺序等。

（三）地图的交互设置

"地图是数据新闻中应用较多的视觉形态，主要用于地理要素的展示和呈现。通过形象化的手段把数据信息在地图上标示出来，可以把地理位置和地理要素等信息直观地呈现给用户，主要有静态地图和交互地图两种方式。交互地图通过在静态地图上附加交互功能，通过点击展示详细信息的方式与用户进行交互。"[①] 查看可视化地图中绘制和包含的位置数据既能增强用户对于信息的理解，又能提供有价值的新闻背景信息。2024 年昆明市融媒体中心·昆明日报社联合高德地图共同推出昆明观鸥季系列互动地图，市民、游客在高德地图 App 搜索"鸥遇昆明"关键词，可进入活动页面查看"鸥遇昆明数字地图"，能一键导航到 51 个观鸥点，还可查看每个观鸥点的美图，获取周边景点、餐馆、酒店等实用信息。

（四）词云的交互设置

"词云"就是对网络文本中出现频率较高的关键词予以视觉上的突出，形成"关键词云层"或"关键词渲染"，从而过滤掉大量的文本信息，使浏览网页者

---

① 程恰. 数据新闻的交互性传播研究 [D]. 郑州：郑州大学，2020.

只要一眼扫过文本就可以领略文本的主旨。①

词云的交互设置可以将主要关键词提炼出来，通过字号大小、颜色的变化展现不同关键词出现的频率的高低，进而突出相关信息。同时将浏览箭头移动到不同的关键词，可以出现实时的词频统计。词云还有另一种交互方式——选择分类，可以按照一定的标准，将关键词进行分类，用户可以非常便捷地通过不同的词云分类，快速锁定信息中的高频词语。

（五）时间轴的交互设置

时间轴是指通过在轴线上标注不同的时间节点来讲述一件事情发展历程的报道方式。从呈现方式上，可以把时间轴分成两种：一种是图片式的，就是把时间轴制作成长图或者可以左右滑动的图片，这种时间轴互动性不强。另一种时间轴基于 Web，具有很强的互动性，除了文字、图片，还可以添加超链接、视频、社交媒体等元素。时间轴的交互设置主要是通过时间节点的超链接来实现，可以链接相应的文字介绍、图片以及音视频。当用户把阅读箭头移动到相应的时间节点，可以显示更多的内容，用户可以选择浏览所有的时间节点信息，也可以选择其中几个感兴趣的时间节点浏览。

（六）H5 新闻产品的交互设置

H5 新闻产品是指在移动端传播中使用了 HTML5 技术集合（HTML5、CSS3、JavaScript 等技术）的带有特效及互动体验的新闻网页，它具有很强的视觉冲击感、友好的交互体验、易于传播等特点。一般 H5 新闻产品都比较注重交互性，用户在阅读 H5 作品过程中，按照设计师的思路去完成相应的任务或者操作，在强体验的过程中完成信息的接收。2023 年全国两会期间，大河网推出互动 H5 产品《中国时间里的美好农事》，把中国传统的二十四节气与农业现代化技术相结合，展现春、夏、秋、冬四季轮转，使用了手绘漫画、长图、快闪、短视频等多媒体形式，契合了 2023 年《政府工作报告》中的乡村振兴的主题，H5 界面视觉

---

① 周善. 数据新闻：网站专业生产内容（PGC）的可循之途——四大门户网站的数据新闻实践 [J]. 编辑之友，2014（8）.

设计精湛，交互手段丰富，深受用户喜爱。

在 H5 新闻产品中，交互手段和方式是非常丰富的。传统媒体的报道，受众多是被动接受，而 H5 新闻产品则为用户提供了各种各样的互动参与方式。通过 H5 界面触摸优化进行交互设置，点击选择、滑动翻页等是 H5 新闻作品常用的交互方式。H5 新闻作品可以借鉴游戏化元素设置互动场景，在内容生产过程中融入游戏化的思维和机制。2022 年全国两会期间，津云客户端推出游戏化的 H5 作品《一手好牌》，用户随意抽取一张牌，之后显示我国相应的科技成就，这里模仿了打牌游戏中的抽牌环节，作为信息的导入按钮，内容直观明了，互动方式生动有趣。对于一款游戏化的 H5 新闻作品而言，"场景的设计、搭建以及交互方式对用户的游戏体验感和沉浸感的营造尤为重要。用户本身无法身临现场，然而，通过对新闻场景的再现和模拟将用户带入互动场景之中，借助游戏化的交互设计，使新闻内容与人机互动巧妙地结合，为用户带来一种更具交互感和沉浸感的新闻阅读体验"①。H5 新闻作品中 UGC（用户生成内容）是一种比较深度的交互，用户在浏览新闻过程中通过输入文字、图片、音频等信息，直接参与融媒体报道的制作中。2022 年全国两会期间，长城新媒体推出的交互式 H5 作品《奋斗吧，中国》，采用剪纸海报展现了 2021 年中国取得的重大成就，同时用户可以上传自己照片，生成属于自己的"奋斗吧，中国"海报，交互体验感非常强。H5 新闻作品在交互设置中融入 AI 智能创作，是一种比较新颖的交互方式。AI 在识别用户不同的手势、声音后，提供不同的信息内容。加入 AI 智能创作的交互式 H5 新闻作品就像开盲盒，报道内容具有未知性，能给用户带来充满惊喜的体验。

除了以上介绍的交互设置方式，H5 作品中的弹幕、作品后面的评论留言等都是比较常见简单的交互设置。H5 新闻作品中还可以设置投票、回答、调查等互动环节。H5 新闻作品是融媒体报道常见的一种呈现形式，H5 的包容性非常强，可以包含多样化的素材，同时实现多种形式的交互，互动设置的空间非常大，需要融媒体报道制作人员发挥创意思维，并通过技术手段实现一些新颖的互动，给用户带来精彩纷呈的阅读体验。

---

① 周景. 游戏化在新闻报道中的应用与反思 [D]. 合肥：安徽大学，2020.

四、结　　语

融合新闻产品的交互性让报道与用户之间的关系趋于良好,融合新闻产品力求在信息爆炸的时代快速吸引用户的注意力,其交互方式的设置至关重要。增强用户与新闻之间的交互性是大势所趋。县级融媒体中心应该依托新媒体技术,充分挖掘新闻互动交流的潜力,在交互方式上尝试创新和突破。

作者及所属单位:
杨慧霞　武汉传媒学院新闻传播学院教授

虚拟仿真实验在地方高校与县级融媒体中心协同赋能中的价值研究[①]

赵倩

在媒体融合的背景下，县级融媒体中心作为基层舆论阵地的重要组成部分，承担着传播主流声音、服务地方发展的重要使命。然而，县级融媒体中心在人才、技术、资源等方面普遍面临瓶颈，制约了其创新发展的能力。与此同时，地方高校新闻传播教育也在积极探索实践型、技能型人才培养模式。虚拟仿真实验作为一种新兴的教学手段，以其高度的模拟性、互动性和沉浸感，为地方高校与县级融媒体中心的协同合作提供了新的契机。本文基于武汉传媒学院省级一流课程《"三农"主题新闻报道中的融媒体采访虚拟仿真实验》的建设使用情况，探讨虚拟仿真实验在地方高校与县级融媒体中心协同赋能中的价值，为新闻传播教育和地方媒体发展探索新的路径。

一、虚拟仿真实验概述

新闻传播学科具有鲜明的实践导向性，与技术发展、社会变迁紧密相连。技术作为新闻传播变革的重要驱动力，其迭代升级深刻塑造着新闻传播教育的形态

[①] 本文系武汉传媒学院校级科研团队"融媒体报道实务研究团队"（项目编号：XJTD2023013）相关研究成果。

与走向。① 智媒体时代，技术迭代加速重构新闻生产逻辑，传统的新闻传播教育方式正被重构。教育目标从知识传授转向能力建构，教学场域从实体空间转向虚实共生，实践模式从情景模拟转向系统仿真。以具身认知理论为指导的虚拟仿真教学系统，通过数字孪生技术实现新闻采编全流程的沉浸式复现，正成为新闻实践的主要形式之一。

虚拟仿真技术的实验手段，将与新闻实践主题相关的新闻事件现场搬到网络。通过虚拟仿真技术在互联网上模拟几近真实的新闻现场，模拟新闻现场的人物、环境、设备等，使老师和学生都能置身其中，在虚拟的春耕实景中调动全部的感官，实现人与虚拟场景的有效互动，从而在实战中提升自己的采访能力。

虚拟仿真实验能够模拟真实的新闻环境和采编过程，使师生获得与实际新闻采编相似的体验。课堂上师生可以在虚拟环境中与实验对象进行新闻采访，营造出身临其境的沉浸式体验。同时，虚拟仿真实验可以反复进行，便于教师在知识教授中引导学生进行多次练习和修正，提高新闻采编水平。

二、地方高校与县级融媒体中心协同赋能的现状

随着媒体融合的发展，县级融媒体中心作为基层舆论阵地的重要组成部分，担负着传播主流声音、服务县域发展的重要使命。然而，由于各种原因，县级融媒体中心在多方面普遍面临瓶颈，其传播效果较弱，发展创新能力不足，重要的是人才较为欠缺，一些大型传播项目面临着人才不足的困境。与此同时，地方高校新闻传播教育也在积极探索实践型、技能型人才培养模式，尤其是部分高校，在应用型培养时也面临着实践基地欠缺，真实项目较少的难题。在这样的前提下，与县级融媒体中心合作，深入县级融媒体中心的项目进行合作，是培养实践型人才的有效解决办法，也是县级融媒体中心解决目前发展中的种种困境的方法与手段。

然而，在具体操作中，地方高校在与县级融媒体中心的实践合作在空间和时

---

① 严航. 数智时代新闻传播人才培养的困境与破局 [J]. 中国高等教育研究，2025 (3).

间上存在诸多实践难题。

（一）实践场地不能即刻到达

地方高校主校区一般在城区，与县级融媒体中心在地理位置上往往相隔较远，由于距离和交通原因，师生无法经常前往县级融媒体中心进行实践锻炼。这一空间的限制，导致学生难以随时到达实践场地进行实地学习和操作。因为远距离的限制，在面对真实项目时，会大大增加实践成本，这样就限制了实践教学的灵活性和效率，使得很多实践项目无法实现。

（二）新闻场景的不可复制性

新闻事件具有突发性和不可预测性，很多重要的新闻场景往往是稍纵即逝，难以在新闻现场进行重复学习，或者在课堂模拟。这给教师在教授学生掌握新闻采访和报道技能时带来了巨大挑战。例如，在县级重要的、突发性的事件报道中，学生只能通过事后观看视频或听取教师讲解来学习，无法在事件发生时和真实的新闻现场做到同步实践，在采访和采编时只能靠模拟和想象，从而难以深入理解并掌握相关技能。

（三）实践教学资源有限

地方高校新闻传播专业的实践教学资源受到一定的限制，包括师资力量、设备设施、教学案例库等。这使得大班授课时，学生在实践过程中难以获得一对一的教师充分地指导和支持，会在一定程度上影响学生的实践效果和学习质量。另一方面，县级融媒体中心由于自身条件和资源的限制，也难以为学生提供足够的实践机会和资源支持，进一步制约了双方合作的深度和广度。

三、虚拟仿真实验在地方高校与县级融媒体中心协同赋能的应用

面对地方高校与县级融媒体中心的协同赋能的困境，武汉传媒学院新闻传播学院针对校县媒体协同发展中的难题，于2021年构建了虚拟仿真实验教学模式。

学院以某县的春耕报道为切入点，围绕湖北省作为粮食生产大省的基础，借助这一周期性的新闻事件，依托数字技术搭建三维模拟春耕现场新闻场景，通过沉浸式实践教学方式突破了传统实践教学的空间和时间的限制。

在《"三农"主题新闻报道中的融媒体采访虚拟仿真实验》系统支持下，学生可随时随地自主操作多个春耕实验模块，系统掌握新闻农业选题策划、种植大户现场采访、音视频素材采集等全流程新闻采写技能，有效地实现理论教学与实践操作的有机结合，真正地借助县级融媒体的实践项目做到真实项目真实训练。

（一）打破时空限制，提升实践灵活性

2021年，武汉传媒学院新闻传播学院立项《"三农"主题新闻报道中的融媒体采访虚拟仿真实验》，一年后该项目被评为湖北省级一流课程。该实验平台紧密围绕国家粮食安全大计，以湖北省作为农业大省的地位为背景，通过虚拟仿真技术模拟真实的县乡的"春耕"现场，使学生在虚拟环境中掌握农业新闻报道的规律和技巧。该项目不仅弥补了传统新闻教学模式的不足，还通过虚拟实践降低了教学成本，形成了以学生为中心的教学理念。

该虚拟仿真实验技术通过构建虚拟的某一县级融媒体单位参与采写的农业新闻场景和现场环境，帮助学生打破在课堂模拟实践的学习场景，突破时间和空间的限制，通过县域给予的新闻命题实践，将真实项目植入到虚拟仿真平台。这样的新闻实践实现了沉浸式学习和随时性操作，也在一定程度上提升了实践教学的灵活性和效率。从此，新闻现场变得可以"随时抵达"，通过画面和设备，采访现场也变得真实可信。同时，学生还可以根据自己的学习进度和兴趣点随时进行反复的实践操作和学习，无需受到场地和时间的限制。

（二）模拟真实场景，增强实践体验

虚拟仿真实验技术能够通过技术模拟出高度逼真的新闻场景和环境，包括新闻人物、新闻事件、现场环境等各个方面。这使得学生能够在虚拟环境中亲身体验新闻现场的紧张氛围和复杂环境，不需要在课堂进行想象和模拟，从而更好地掌握新闻采访和报道技能。同时，虚拟仿真实验还可以设置出各种突发情况和应急处理场景，帮助学生提高应对突发新闻事件的能力和素质。例如，在《"三

农"主题新闻报道中的融媒体采访虚拟仿真实验》中，采用3dsMax进行建模与制作，可在多种浏览器中直接打开使用，学生可以通过虚拟仿真技术进入湖北省某县乡的"春耕"现场。通过营造的互动场景，激发学生的主动探索热情。共设置四个模块场景，分别引导学生熟悉政策内容、进行融媒体采访准备、完成标准化采访以及撰写新闻稿件。实验围绕采访装备和人物形象"春耕"现场采访、演播室连线采访以及摄像机、无人机系统操作等核心要素进行仿真设计。

这样，从最开始的新闻装备，出镜服装等准备阶段学起，然后根据新闻素材进行实地采访和报道，完成了一次县级新闻现场采访的全流程，借助这种模拟环境不仅降低了实践成本，还提高了学生的实践能力和应变能力。

虚拟仿真实验能够辅助县级融媒体中心为高校的新闻传播教学提供丰富的新闻采编素材和案例，培养学生在实践中不断磨炼和提升新闻采编技能。例如，在虚拟仿真采访过程中，学生需要根据画面的提示和专业知识选择合适的采访对象、设计恰当的问题、捕捉新闻细节等。这些实践操作不仅能够提升学生的采访技巧，还能够培养他们的新闻敏感度和判断力。通过虚拟仿真环境学生们亲身体验了乡村"春耕"新闻采访的全过程，包括前期准备、现场采访、后期编辑等环节。在操作过程中，学生们相对真实地融入融媒体采访报道的基本环境，掌握了现场采访与采编的基本技能和方法，同时还提高了团队协作能力和创新思维能力等综合素质。

（三）丰富教学资源，提高实践质量

新闻采访教学资源库的建设一直是教学过程中的重中之重，教学过程中需要构建丰富的新闻案例库，以案例教学活化新闻理论知识。案例库除了文字和音像素材，还可以通过县融提供的新闻场景构建虚拟仿真实验平台，整合各类县级发生的报道案例，把现场新闻故事和拍摄制作设备设施、教学师资力量等资源整合，形成系统化、模块化的仿真实践教学体系。这样，学生可以根据自己的学习需求和兴趣点选择相应的采访报道模块进行学习和实践操作，从而提高实践质量和学习效果。

近三年来，通过《"三农"主题新闻报道中的融媒体采访虚拟仿真实验》项目的实施，武汉传媒学院新闻传播学院与县级融媒体中心取得了显著的合作成

效。学生们在县融提供并协助构建的虚拟环境中得到了充分的新闻实践锻炼和采编学习机会，提高了融媒体采访报道能力和综合素质，同时，项目也为高校与县融进一步合作提供了经验和借鉴。

四、地方高校与县级融媒体中心协同赋能策略

地方高校作为服务地方市场的人才培养基地，与同样服务地方的县级融媒体中心在新闻传播教育和媒体发展方面具有天然的协同合作优势。通过利用虚拟仿真实验进行实践协同发展，可以实现双方的互利共赢和协同发展。

（一）共建虚拟仿真实验平台

地方高校与县级融媒体中心可以共同开发和建设多样化的虚拟仿真实验平台，实现课堂教学和媒体资源共享与优势互补。虚拟仿真平台可以整合学校与媒体的教学力量和实践资源，在真实新闻实践项目基础上，开发出适用于新闻传播教育和媒体实践需求的虚拟仿真实验项目，为双方提供实践训练、技能竞赛、项目合作等服务，促进产学研深度融合和创新发展。

（二）开展联合实践教学活动

地方高校与县级融媒体中心还可以联合开展项目实践教学活动，如组织学生到县级融媒体中心进行真实项目的实习实训、邀请县融媒体专家到学校举办讲座授课等。通过这些活动，学生可以更好地了解媒体行业的实际情况和需求，提高自己的实践能力和职业素养。同时，也可以将这些活动嵌入到虚拟仿真实践教学平台，促进双方的交流与合作。

（三）推动媒体创新项目落地实施

地方高校与县级融媒体中心还可以共同推动智媒体时代媒体创新项目的落地。通过引入先进的虚拟仿真技术和资源，双方开发出具有鲜明地方特色的虚拟仿真新闻产品，并推动其在高校和县级融媒体中心进行教学与实操的应用和推广。这不仅可以提升县级融媒体中心的创新能力和竞争力，还能够为地方高校提

供实践机会和研究成果转化的平台。

总　　结

虚拟仿真实验技术在地方高校与县级融媒体中心协同赋能实践中具有一定的应用价值。通过真实模拟新闻现场和架构新闻人物、环境，师生可以亲临采访地点，和县级融媒体中心一起完成新闻的采编与制作，既培养了新闻人才，又实现了县融项目的实践，为双方的协同发展赋能。

作者及所属单位：
赵　倩　武汉传媒学院新闻传播学院教授

县级融媒体建设背景下地方高校创新型传媒人才培养路径研究[①]

杨郡媚

2023年是习近平总书记提出"加快传统媒体和新兴媒体融合发展"重要论述的10周年，是推进媒体融合的10周年，其中县级融媒体中心的建设和发展是推动媒体融合的最重要赛道之一，自2018年8月起，首次对建设"县级融媒体中心"作出重要指示，在国家政策、专项资金等的大力扶持之下，各县级融媒体中心蓬勃发展，在融合转型上取得了阶段性成效。但在建设中人才缺失问题一直是制约其发展的痛点问题，要想实现进一步转型突围，人才培养是关键。

高校是培养人才的主阵地，地方高校新闻传播专业与县级融媒体中心根脉相连、同根相生，有着天然相近的基因。传媒专业作为实践性很强的专业，应该把为社会培养应用型、复合型、技术型人才，为区域社会发展提供服务作为人才培养目标。新的时代背景下，地方高校是县级融媒体人才的核心提供方，如何顺应传媒业的发展变化，发挥自身优势，改革创新型传媒人才培养路径，具有重要意义。

一、县级融媒体中心面临"缺人"的困境

1. 人才老化严重

目前很多县级融媒体人才年龄结构不均衡，年龄普遍偏大，以红安县融媒体

[①] 本文系武汉传媒学院校级科研团队"融媒体报道实务研究团队"（项目编号：XJTD2023013）相关研究成果。

中心为例，从业人员的平均年龄高达 46 岁，其中 35 岁以下的仅有 15 人，在职人才老化断层，复合型、创新型全媒体人才青黄不接。再加上县级融媒体中心人员任用改革不彻底，薪酬绩效不完善、编制缺失等原因，很难吸引到一些优秀的年轻人长期留下来，往往干了一段时间就离职，人才流失严重，造成老龄化现象越来越严重。

2. 人才能力不足

据山东大学传播与媒介研究中心课题组对 30 家县级融媒体中心、300 余名从业人员开展专题调研发现，71.43%的融媒体中心面临"人才缺乏"，"主要是结构性缺乏，缺的是既懂媒体、又懂市场，既懂选题策划、又懂新媒体技术的复合型管理、制作和推广人才。"县级融媒体中心从业者大多是从传统行业转型过来的，他们在采、写、编、评等方面积累了丰富的实践经验，但都习惯于按照传统媒体的要求和节奏，很难适应融媒体传播的新规律，对新技术的接受和运用能力较弱，知识结构老化，缺乏互联网和新媒体运营思维；而新招聘的部分传媒类专业毕业生存在课堂所学与实践操作脱节，在选题策划、内容采访等专业技能上经验不足。

3. 人才吸引力弱

县级融媒体中心处于基层单位，受经济发展等诸多因素的影响，在薪酬待遇、员工福利、生活条件、职业发展等方面远远落后于央视级媒体、省级媒体和互联网公司，在同等选择下，优秀的全媒体人才往往会优先选择省、市级媒体。县级融媒体中心大多只能通过本地资源、人才引进等方式来吸引人才，对较为落后的县级融媒体中心来说，人才吸引力更加乏力。尤其受事业编制数量的限制，县级融媒体中心提供的岗位编制有限，很多需要通过事业单位考试、面试等层层选拔才能获得，一些编外用工人员即便业务能力强，但上升空间有限。再加之人员考核机制滞后，没有形成完善的薪酬绩效体制，甚至绩效工资是全员平均发放，缺乏市场化激励措施，导致员工工作积极性不强，出现"划水摸鱼"现象，很不利于人才培养。

二、县级融媒体建设背景下创新型传媒人才培养要求

县级融媒体的不断转型发展，人工智能技术的日新月异，使基层融媒体中心的新闻生产流程和组织结构都发生了巨大的变化，对新闻传媒人才的能力、素质、技能等方面提出了新的要求。面对着新要求和县级融媒体中心"缺人"的困境，对地方高校来说，需要从源头加强顶层设计，自上而下地探索创新型传媒人才培养目标和培养要求。

1. 培养了解县域发展，具有马克思主义新闻观的传媒人才

县级融媒体作为根植于当地、根植于基层的媒体组织，在贴近人民群众，推动基层治理、传播基层声音、维护基层社会稳定、做好舆论引导等方面具有不可或缺的作用。在内容传播上县级融媒体承担起挖掘和传播当地特色文化，讲好乡村、田间地头的中国故事，传播好中国声音的重大使命。在呈现形式上通过优化传播方式，运用全媒体技术，有效地发挥了服务人民群众的作用。

这就要求我们在传媒人才培养过程中，强化学生文化意识和责任感，扩大学生知识面，对地方社会、文化、历史等领域有广泛而深入的了解。树立正确的舆论导向，具备较高的媒介素养，具有坚定的马克思主义新闻观，深入基层，深入群众，做好上传下达的舆论引导工作，坚守舆论阵地、构筑良好舆论环境。

2. 培养具备创新思维，能够助力县级融媒体高质量发展的传媒人才

县级融媒体是实现媒体融合的"最后一公里"，县级融媒体已经从"遍地开花"阶段跨越到"提质增优"的新阶段，高质量发展是县媒当下乃至未来发展的关键词。需要县级融媒体中心立足自身，立足新发展要求、把握新机遇、新趋势，不断探索高质量发展的路径。

在县级融媒体提质升级过程中，对从业人员也提出了更高的要求。初、中级岗位如文本编辑、图片生成、视频剪辑等或将被人工智能所替代，从业者更高价值是运用想象力和创作力助力县媒高质量发展。因此创新思维能力、想象力和对人性、社会的深度洞察将成为传媒人才的核心竞争力，也是人才培养的

重要目标。

3. 培养具备全媒体业务技能的复合型、应用型传媒人才

针对县级融媒体普遍存在的人才缺乏，人才能力不足的问题，联合高校培养具备全媒体业务技能的复合型、应用型传媒人才是"一剂最重要的良药"。《关于加快推进媒体深度融合发展的意见》中提出："未来要大力培养全媒体人才，把更多熟悉新媒体的中青年优秀人才充实到关键岗位。"而全媒体人才是复合型、应用型人才，需要具备扎实的全媒体业务能力，需要熟练掌握各个网络传播平台的运行机制，实现策划、采写、分发、运营等各个环节一人多岗、一岗多能。能够兼具媒介前沿理论、新闻专业能力、全媒体技术实践能力、战略管理能力等一体化的复合型、应用型传媒人才，以满足媒介发展的新生态和新形势。

4. 培养具有基层服务意识的管理型传媒人才

随着元宇宙时代的到来，AIGC 大幅度地降低了专业的门槛，机器能够自动生成图文、音视频等多媒体内容，AIGC 越来越胜任基层和中层岗位所必备的专业技能时，每个人都被自动升为高层管理者。这就要求新型人才不仅仅熟悉新闻生产实践，更能在策划、采写、分发、运营等各个环节实现一人多岗、一岗多能，对各个生产环节做到有效管理，同时具备全局性、前瞻性、系统性的思维能力。尤其是县级融媒体作为基层媒体，与民众有着很强的贴近性，承担着服务群众的重要功能，更是需要具备服务意识和创新管理水平的人才。

除此之外，提到县级融媒体缺人的问题，通常会想到加强一线全媒体信息生产队伍的建设，但却忽略了一个非常重要的群体，即县级融媒体中心的领导班子，一些县级融媒体中心的主要负责人年纪较大，对一些新事物的接受能力不强，对全媒体生产流程的缺乏了解，可能会盲目借鉴其他融媒体中心的建设经验，造成资源、金钱的浪费。因此对县媒来说，拥有一个善经营、懂融合、精业务的负责人至关重要。针对管理人才缺失问题，高校可以在课程设置中加入项目管理等课程，以业界要求为导向培养综合性人才。

三、地方高校创新型传媒人才培养路径

1. 以"县级融媒体"的人才需求为导向,构建"新文科"人才培养模式

强化以"县级融媒体"为中心的专业学科体系建设,以实践、应用为导向开展学科建设。首先以县级融媒体的人才需求为导向,以县级融媒体行业发展为基础,精准施策,重点培养面向地方,了解县级融媒体发展,具有基层服务意识的创新传媒人才,在课程体系设置中,有意识地将当地县域的特色文化与新闻传播专业知识融合,比如湖北民族大学新闻传播系充分发挥民族大学的优势,增设民族文化传播、县域融媒体传播实务专题等课程;开设"精准定制式"的职业规划课程,根据学生意愿和专业特长,为每个学生量身打造适合其未来发展的职业规划,尤其重点关注有志于服务基层,从事县级融媒体工作的学生,最大限度满足县级融媒体中心的用人需求,实现人岗精准匹配。

《新文科建设宣言》指出:"新时代新使命要求文科教育必须加快创新发展。"运用"新文科"的人才培养思路,实现创新性融媒体人才的培养,满足县级融媒体中心对复合型、应用型人才的需求。

第一,坚持立德树人,夯实课程思政建设,实现课程思政与专业知识有机结合。新闻媒体在舆论引导,信息传播和宣传中起到至关重要的作用,因此在新闻传播专业教学中融入课程思政至关重要。比如武汉传媒学院新闻传播学院在第一或第二学期面向该学院所有专业,如网络与新媒体、广播电视新闻学、数据科学与大数据技术等专业专门开设核心必修课《马克思主义新闻观》的课程,帮助学生树立正确的舆论导向,具备较高的媒介素养,坚持正确的政治立场和方向。

第二,通过科技赋能,关注传媒领域前沿技术,培养具备全媒体业务技能的传媒人才。随着元宇宙、人工智能、区块链等技术的高速发展,人类进入了智能时代。在教学中,要学会并熟练掌握新科学技术,创新教学方法,赋能人才培养。同时要时刻关注前沿技术,融入最新教学案例,加强新技术在新闻传播领域的前瞻性研究和应用。尤其AIGC大幅度地降低了新闻传播专业的门槛,要强化

"一专多能"的全媒体应用人才的培养，在课程体系建设中要注意传统媒体课程与新媒体课程的融合，除了传统新闻媒体采、写、编、评、拍摄与制作课程的开设，还需要增加了短视频制作、数据新闻、交互新闻、数据收集与应用、编程等多种新媒体技术课程，比如武汉传媒学院先后开设了《创意思维与实践》《信息可视化》《Web前端开发》《融合媒体运营》《数据新闻》等课程，注重对学生全媒体业务技能的培养，为"县级融媒体"的发展储备人才。

2. 坚持"教产研创服"五位一体理念，打造"校、县、媒"共享与协同的创新实践平台

坚持"教产研创服"五位一体理念，就是把"人才培养、项目产出、应用研究、创新创业、服务地方"融为一体，从而实现复合型、应用型传媒人才的培养。依托该理念，重点搭建其与之相配套的实践体系，因此打造"校、县、媒"共享与协同的创新实践平台就至关重要。高校、县域和融媒体中心三者要有效打通，高校要发挥桥梁和纽带作用，做好资源和平台的对接，与各县域政府和县级融媒体中心建立共享与协同机制。

一方面，高校可以和县级融媒体开展联合培养模式，在特定专业选定特定课程建立双导师制，让业界具有丰富新闻传播实践经验的骨干人员参与教学、学生的毕业创作。同时高校在一线教学要有意识地融合县级融媒体发展的案例，重点开展"校内课堂-校内实践-毕业创作"等多场景的实践创新。比如武汉传媒学院的新闻传播学院在《数据新闻产品》《交互产品创作》《融媒体报道实务》《数据新闻》等课程中设置校内实践环节，让学生重点围绕县域非物质文化遗产传承、红色旅游、乡村振兴、县域发展等主题，制作出H5、数据新闻、短视频等形式多样的融媒体新闻产品，并选派优秀作品参加业界比赛，在计算机大赛中获奖无数。在毕业创作中，让学生俯下身子，扎根基层，关注县域新发展，其中23级广电专业毕创选题涉及县级县域振兴发展的作品共计16个，涉及湖北洪湖市、钟祥市、恩施市、襄阳市、襄州区等多个县域。在暑假"三下乡"社会实践活动中，在2022年暑假，分别组织学生分别前往湖北宜昌长阳土家族自治县，围绕新时代乡贤的采访与自然、人文风光，制作宣传片与文字报道，全方位地展现长阳的新风貌。前往湖北省恩施土家族苗族自治州，通过拍摄让更多的人了解到土

家织锦西兰卡普作为非遗如何助力乡村振兴战略。在 2023 年赴湖北省随州市随县澴潭镇九里岗村助力乡村振兴，以志愿者的形式深入农村，传播先进文化和科技，利用家乡农产品资源，通过直播平台组织开展以"邑起直播助农，筑梦红色之旅"为主题的乡村振兴直播实践专项活动，通过深入开展直播带货助农活动，帮助农民销售农产品，推动家乡经济发展。

另一方面，与县级融媒体中心共同搭建校外实习基地，每学期选派优秀学生深入县级融媒体第一线，让学生通过实习实践全方位参与全媒体新闻生产的全流程中，从而积累丰富的专业实践经验。比如华中科技大学马克思主义学院与红安融媒共同建立红安红色实验基地，对传承红色文化，培养定向人才提供了良好的平台。

四、结　　语

综上所述，县级融媒体的深度发展，正以前所未有的力度重塑传媒生态，对传媒人才的能力要求、专业技能提出了更为严苛且多元的要求。地方高校作为创新型传媒人才培养的主阵地，亟须以更高的站位、更宽的视野，审视并回应这一时代命题，不断地提升传媒人才的培养质量。这不仅是对当前县级融媒体人才短缺问题的直接回应，更是对未来传媒事业可持续发展的人才布局与战略储备。

作者及所属单位：

杨郡媚　武汉传媒学院新闻传播学院副教授

地方新闻传播院校服务于县级融媒体发展研究
——以湖北省新闻传播院校及县级融媒体中心为例①

杨开源

2016年2月19日,习近平总书记在党的新闻舆论工作座谈会上提出,尽快从相"加"阶段迈向相"融"阶段,从"你是你、我是我"变成"你中有我、我中有你",进而变成"你就是我、我就是你",着力打造一批新型主流媒体。党的十八大以来,党中央高度重视传统媒体和新兴媒体的融合发展,促进推动媒体融合向纵深发展。②

一、融媒体中心成立背景

2018年8月,习近平总书记指出,"要扎实抓好县级融媒体中心建设,更好引导群众、服务群众"③,首次提出"县级融媒体"这一概念。县级融媒体中心是将县级党委政府所管辖的广播电视台、新闻中心、报纸或内部出版物、政府发布以及政府部门、乡镇街道开办的政务信息服务网站、微博微信手机客户端、农村广播、户外大屏等所有县域公共媒体资源整合起来,成立的正科级事业编制的机构。④

2022年中央一号文件指出要创新农村精神文明建设有效平台载体。依托新

---

① 本文系武汉传媒学院校级科研团队"融媒体报道实务研究团队"(项目编号:XJTD2023013)相关研究成果。
② 黄金艳.媒介融合态势下当代大学生思想行为研究[D].兰州大学,2017.
③ 习近平.论党的宣传思想工作[M].中央文献出版社,2020:340.
④ 沈琪.县级融媒体中心建设的实践与探索——以甘肃省庆城县电视台为例[D].兰州财经大学,2020.

时代文明实践中心、县级融媒体中心等平台开展对象化分众化宣传教育，弘扬和践行社会主义核心价值观。① 县级融媒体中心作为打通"最后一公里"的关键环节，在全面推进乡村振兴工作中起到了关键作用。

经过这几年的发展，全国各地纷纷陆续挂牌成立县级融媒体中心，逐步实现从"量"的飞跃到"质"的变化，从数量增长到质量并重，从井喷式增长到提质增优的转变，不断优化平台建设、内容生产、传播流程及经营管理，扎根县域并积极探索社会效益和经济效益相结合的融合模式。

二、湖北省县级融媒体中心发展现状

目前湖北省有60家融媒体中心已经挂牌建设完成，其中发展比较好的有赤壁融媒体中心、保康融媒体中心、崇阳融媒体中心等。各家县级融媒体中心不断强化自身主流媒体定位，创作精品，弘扬主旋律，传播正能量，在切实巩固壮大基层主流思想舆论的同时，也在打造"新闻+"概念，服务基层群众。目前全省的各家县级融媒体中心基本都是采用多管齐下的方针，对内做好党的方针政策的宣传工作，对外展示县级风貌，为乡村振兴助力。

（一）打造手机客户端

目前全省县级融媒体中心依托于长江云平台，纷纷打造自己的云上平台。赤壁融媒体中心建设手机客户端，创建的"云上赤壁"客户端累计下载用户16.9万，占全市智能手机用户的50%以上，日活6292，月活18.65万。连续三年获评长江云县级平台最佳运营单位。主打云上赤壁App，打造"新闻+政务+服务"平台；问政平台"四单模式"良性运行，96家单位入驻，回复率达100%，处理办结率达到了98%以上。开启云上赤壁和最赤壁微信公众号全部信息留言评论模式，接收民众意见、建议，增强互动性，提升吸附力，形成宣传效果闭环效应，实现有效宣传。发挥新媒体优势，策划组织常态化的生产生活直播活动。

---

① 2022年中央一号文件. 中华人民共和国农业农村部 [EB/OL]. http://www.moa.gov.cn/ztzl/jj2022zyyhwj/.

县级融媒体中心的客户端建设，紧跟互联网发展趋势，突破传统媒介发展壁垒，让媒体用户数量有了质的变化。同时依托于客户端，打造"新闻+政务""新闻+问政""新闻+服务"的模式，让县级融媒体中心可以开展更多的线下服务活动。崇阳县融媒体中心依托"云上崇阳"客户端，同步搭建了"崇阳县新时代文明实践云平台"，设计了志愿者和志愿服务队注册登记、志愿服务活动发布、志愿者招募、志愿服务"点单派单"等多项交互式功能。

（二）强抓形式创新和内容贴近

县级融媒体中心新闻生产更需要切合群众需求，打造群众喜闻乐见的新闻产品。这些新闻形式以短视频，美图片为主，通过快闪、H5、图解、直播等多种产品形式把党和国家的方针政策传播到基层群众的心中。2021年以来，赤壁市融媒体中心制作推文、H5、图解等180多部；制作视频号短视频作品105部；抖音193条；直播8场。CCTV围棋大赛、赤壁长江公路大桥成功合龙等热点新闻阅读量突破20万。作品形式多以"短视频+文字+图片"方式进行呈现。

除了新闻产品形式在不断更新，新闻内容也更加贴合群众生产和生活需要。县融媒体中心将镜头对准群众，聚焦乡村，着力展现乡村振兴的新风貌，创作出具有当地特色的新闻产品。崇阳县融媒体中心开展大型主题采访活动，在全媒体平台开设"记者乡村行"专题，记者走乡村、访农户、进田间、入企业，感受民生百态，讲述百姓故事，记录崇阳乡村的喜人变化和乡村振兴的生动实践，反映新时代"三农"工作的新成就、新风貌，截至2023年已推送88期，阅读量10万+。

（三）依托平台助力乡村振兴

县级融媒体中心发挥网络平台助力作用，打造"媒体+电商""直播+助农"全流程运行平台，搭建供需对接桥梁，助力乡村农产品的推广和销售。县级融媒体中心策划各种直播节，推广家乡农副产品，拉动消费，吸引投资，促进就业。为了适应直播发展，很多县级融媒体中心准备成立乡村振兴直播产业基地，让农产品销售可以搭上互联网发展的春风。崇阳县融媒体中心打造"直播+"常态化，让"崇阳直播"深入人心，并组织丰收节，年货节，爱心助农节，油菜花节等。

三、湖北省县级融媒体中心发展困境

(一) 人才紧缺制约县级融媒体中心发展

笔者走访了崇阳县融媒体中心、赤壁市融媒体中心和石首市融媒体中心。这些县级融媒体中心的领导都表示：目前县级融媒体中心的发展得到了各级政府的大力支持。县级融媒体中心在资金建设这块是比较充足的，并且县级融媒体中心每年都有招聘工作人员。这些被招聘进入融媒体中心的职工都是有编制的，属于当地财政一级保障。但是，由于全媒体人才的紧缺，部分县级融媒体中心仍然面临发展困境。

(二) 现有员工跟不上新媒体发展步伐

县级融媒体中心主要是由原来的县级广播电视台改制成立，存在多个媒体平台之间互相独立工作，岗位设置重复，部分工作人员业务能力比较单一，无法适应新媒体行业的快速发展等问题。甚至出现了大量先进拍摄、剪辑设备买回来，融媒体中心无人会用的情况。石首市融媒体中心负责人表示：我们需要能独立完成采、写、编工作的全媒体型人才。因为岗位数量有限，我们更需要"一专多能"型人才。

四、地方新闻传播学院如何破局

(一) 人才按需培养

目前，部分地方新闻传播学院的人才培养目标定位为应用型或复合型新闻传播人才，特别是应用型本科高校，更是结合市场需求，打造社会需要的复合型人才。地方新闻传播学院的人才培养目标制定，应该实地走访县级融媒体中心，调研中心的需求。从需求出发，结合当下媒体环境的变化，制定具有针对性的人才培养方案。从培养目标上落实人才需求情况，地方新闻学院从源头上为县级融媒体中心解决人才紧缺问题。

武汉传媒学院网络与新媒体专业的人才培养目标是培养掌握网络与新媒体信息传播的理论知识与实践技能，能熟练运用网络与新媒体进行信息采写、策划、传播，兼具新媒体组织运营和管理能力，善于进行整合传播的人才。学生毕业后既能从事信息传播时代内容方面的深度、综合、跨学科的传播工作，也能在全媒体传播中从事设计、制作、网络编辑等方面的技术类工作。以适应市场发展为主要培养目标，培养全媒体应用型传播人才。这样的人才培养方案，可以满足县级融媒体中心对于互联网平台建设的需求，帮助县级融媒体中心打造"一岗多用"型人才。

（二）建立实习基地

目前县级融媒体中心人才缺口较大，同时存在信息不对等情况。学生对于县级融媒体中心的认识不够，甚至部分学生对于县级媒体的认知仍停留在自己的儿时记忆，不知道县级融媒体中心的发展状态。针对这种情况，地方新闻传播学院可以联合县级融媒体中心，搭建实习专业平台。低年级学生以参观县级融媒体中心为主，高年级学生可以到自己家乡所在的县级融媒体中心实习。通过这类实习实践活动，让学生对于县级融媒体中心有了更准确的认知，同时也为有意向返乡就业的学生提供了很好的就业平台。以武汉传媒学院为例，该校和赤壁市融媒体中心、荆州市融媒体中心、崇阳县融媒体中心等多家融媒体中心签订实习基地的搭建协议。通过实习基地的搭建，增加双方的了解和合作。

（三）参与职业培训

县级融媒体中心的发展除了招聘新员工、引进人才等方式，还可以通过各种培训提升现有职工的专业素养。地方院校可以依托于现有的师资队伍，参与县级融媒体中心的职业培养。结合各家县级融媒体不同的业务工作和干部成长需求，因地制宜，制定培养计划。通过线上线下相结合的方式，利用在线学习、直播讲课等多种方式，帮助县级融媒体中心现有职工快速成长，更好地适应全媒体环境。

（四）定点帮扶

2021年武汉传媒学院新闻传播学院辅导员和学生团队作为驻村干部被派驻到崇阳县石城镇西庄村。西庄村管辖6个村民小组，418户，2126人。学生团队已经为西庄村建成"魅力西庄"微信公众号，内容包含驻村干部介绍、书记信箱等，让村民可以直接和村委会联系。公众号还设置了闲置物品共享平台，帮助村民进行闲置物品的交换。同时组织建设了西庄村史馆，促进当地村民精神文明融合发展。

学生团队为崇阳县融媒体中心提供各种稿件，其中包含文字稿件、视频稿件和新媒体稿件，提升了崇阳县融媒体中心关于石城镇有关新闻的采写数量和质量，同时，新闻传播学院学子发挥自身专业优势，将西庄村乡村振兴成果制作成视频作品，并获得全国"巩固拓展脱贫成果 全面推进乡村振兴"主题作品征集展示活动三等奖。通过参与县级融媒体中心的工作，新闻学子可以深入乡村振兴第一线，了解社会发展，同时提供新闻作品，减轻了县级融媒体中心的工作量。

五、总　　结

习近平总书记指出，全媒体不断发展，出现了全程媒体、全息媒体、全员媒体、全效媒体，信息无处不在、无所不及、无人不用，导致舆论生态、媒体格局、传播方式发生深刻变化……我们要因势而谋、应势而动、顺势而为，加快推动媒体融合发展。① 县级融媒体中心的发展在未来还有更长远的路要走，地方新闻传播学院可以因地制宜发挥人才培养的作用，与县级融媒体中心搭建合作平台，做到共赢、互赢。

作者及所属单位：
杨开源　武汉传媒学院新闻传播学院副教授

---

① 习近平在中共中央政治局第十二次集体学习时强调：推动媒体融合向纵深发展　巩固全党全国人民共同思想基础［N］.人民日报，2019-01-26.

地方高校新闻专业与区域融媒体协同育人的实践路径探析[①]

姜娜敏

融媒体时代，随着信息传播技术的快速发展，我国媒体产业格局也发生了巨大变革。在新的传媒生态环境下，传媒业界对新闻传播从业者的技能要求越来越高，也更注重高校新闻专业人才的实际动手能力。实践性和应用性是新闻传播专业与生俱来的特质。但是长期以来，新闻传播实践教育与媒体业界的实际脱离也成为新闻传播实践教育面临的普遍问题。因此，这种急速发展的传媒之变局让新闻传播教育面临着前所未有的机遇与挑战，如何积极探索新媒体视域下的新闻传播实践教学模式，加快新闻"快速上手型"实践人才的培养，紧跟融媒体时代的特点快速作出调整和回应成为高校新闻专业教育的一道现实课题。

而地方高校为地方发展服务，是我国地方高校贯彻党的教育方针的必由之路，也是中国特色高等教育发展的必然要求。2018年，习近平总书记提出，要扎实抓好县级融媒体中心建设，将融媒体中心的建设提升到国家层面，但就目前的情况来说，区域融媒体的发展仍存在着吸引力不足、人才匮乏等问题。在这种信息技术变革的背景下，打破行业与学界的壁垒，构建地方高校新闻专业与区域融媒体"协同育人"模式，既可解决学界理论与实践割裂、实践教学资源匮乏等问题，又可破解区域融媒体缺乏"人才"的发展困境，也是地方高校为地方发展服务的题中之义。

[①] 本文系武汉传媒学院湖北省一流课程"全媒体报道实务"相关研究成果。

武汉传媒学院作为一所以"传媒"为特色的应用型高校,新闻传播学院自2004年创办伊始,始终坚持人才培养与市场紧密结合。近年来,在新文科发展的理念下,新闻传播学院通过"走出去、引进来"的方式,积极与湖北区域的融媒体实现合作、共建实践育人基地,并于2022年开始以"专业大实践"的方式,将每一个学生"送出去",通过新闻专业与区域融媒体共同打造的协同育人模式,进一步厘清学校与企业共同育人、产业和教学合作育人的人才培养模式,以期为区域融媒体人才培养赋能,实现互通共赢,有效助力地方发展。

一、高校新闻专业与区域媒体协同育人的必要性

随着信息传播技术的不断更迭,新闻内容生产逐渐产品化,新闻信息的分发方式更加多样化,这些新业态、新技术、新趋势的出现也给高校的新闻传播教育提出了新课题,要求新闻学专业的教学要根据社会需求而不断变化,要通过自身的革新,找到适合自己发展的路径和能够彰显自身办学特色的办学方向。

地方高校新闻专业利用自身优势与区域各大媒体建立协同育人机制,通过搭建多种形式的实践平台,促进教学实践效果的提升。

1. 传媒生态突变,对应用型新闻人才培养的需求增大

随着大数据、人工智能、虚拟现实等新媒体技术的不断发展,传统的新闻内容生产和分发受到冲击。在这种日益激烈的传媒生态环境下,传媒行业不断进行技术革新,算法新闻、VR全景报道、数据新闻、AI报道等新闻产品层出不穷,因此熟知新型媒体生产流程,能够熟练使用新媒体技术进行产品开发、设计、维护的应用型新媒体人才成为传媒行业的需求。但各地高校新闻专业的人才培养过程中长期存在"重理论、轻实践"的问题,且由于资金不足、设备更新缓慢等原因,实践技术类课程明显跟不上新媒体技术的快速发展,课程的开设与新媒体传媒生态发展联系不紧密,学生学习的理论知识无法在实践中进行内化吸收,学生无法在专业的实习岗位上进行专业实践,无法真正体验新媒体行业的巨大发展和

变化,因此高校新闻专业的人才培养与传媒行业的应用型人才培养的需求出现巨大鸿沟。

2. 新闻专业的高实践特性与实践教学资源匮乏的冲突

新闻专业具有明显的高实践、强应用型的特性,因此实践教育一直是新闻传播人才培养过程中的重要环节。然而,地方高校的新闻传播实践教育普遍存在软硬件两个方面的问题:其一,在软件上,"双师型"教师比例较低,大部分学校的教师队伍中存在理论知识充足、缺乏实践经验的问题,教师常常具备较强的研究能力而缺乏一线工作的经历,尤其是随着全媒体业态的发展及变化,很多教师缺乏对新技术的操作能力及全媒体意识。其二,在硬件上,大部分地方高校的基础设施落后,硬件及科研设备投入不足,难以满足学生实验使用需求。随着新媒体不断更新的要求,部分院校引入了先进设备,但是由于设备数量少,学生借用流程复杂,学生能够接触实验设备的机会比较少,无法真正得到技术上的操作和锻炼,因此部分高校的新闻实践教育存在"走过场"的形式问题,新闻专业的高实践性无法体现。

3. "协同育人"模式是地方高校以专业应用为导向服务地方建设的需要

2014年,国务院常务会议明确提出要"引导一批普通本科高校向应用技术型高校转型",但是在地方高校转型的过程中也遇到诸多挑战与问题,比如,高校师资队伍观念落后,实践能力不足,无法与新媒体发展需求接轨等。地方高校新闻传播类专业在转型过程中有着高应用型、强灵活性,与社会联系紧密等特点,因此,高校新闻专业应积极构建面向社会和市场的"协同育人"实践教育体系,充分发挥地方媒体与高校新闻专业的优势,优势互补,建立适应融媒体发展的师资队伍及人才培养机制,这是探索地方高校新闻专业的应用型转型的新方向,也是以新闻专业的应用为导向,以专业知识为基础,专业实践能力为核心服务地方经济发展与文化传播的新路径。

二、高校新闻专业与区域媒体协同育人的实践路径

习近平总书记指出:"媒体竞争关键是人才竞争,媒体优势核心是人才优势。"① 在融媒体发展时代,媒体发展的困境在专业的新媒体人才的缺乏,而地方高校新闻专业作为新闻传播人才培养的基地,能够承担起培养创新性新媒体人才、服务地方的需求,因此创新高校新闻专业技术型、应用人才培养的新路径有重要意义。

武汉传媒学院新闻传播学院自成立起不断进行实践教育改革,由最初的校内实训到校企共建实习基地到今天的"专业大实践",尝试打通学生实践实习中壁垒与障碍,将学生"送出去",在区域媒体中"摸爬滚打",让学生参与融媒体生产的真实环节中,理论知识在这种真操实战中得到应用,在就业前提前适应区域融媒体的新闻生产和传播流程,既可以解决区域融媒体人才缺乏的问题,又可以让学生在毕业后快速上手。这种地方高校新闻专业与区域融媒体协同发展的实践育人路径具体体现在以下几个方面:

1. 针对融媒体痛点,培养全媒体的应用型人才

作为一个高应用性的学科,地方高校在新闻专业实践教学改革的过程中应该本着学以致用的原则。根据这一原则,武汉传媒学院多次组织学院教师到地方融媒体中心进行参观学习,并通过调研的方式加深对业界融媒体中心设计理念、具体运作以及管理机制的认识和了解,找到区域融媒体中心在媒介深度融合以及新媒体发展过程中普遍存在的困境。

经调研发现,区域融媒体中心发展存在的突出问题表现在:第一,新闻内容生产创新性不足,有些融媒体中心缺乏互联网产品思维,仅仅将传统的视频内容搬到网络平台。第二,一专多能的复合型人才的缺乏,部分区域融媒体中心从业人员由传统媒体从业人员转化而来,新媒体技术能力较欠缺。针对这一问题,武汉传媒学院新闻传播学院在人才培养目标的设定过程中,转变人才培养理念,除

---

① 习近平.习近平谈治国理政(第二卷)[M].外文出版社,2017:333.

了传统新闻媒体采、写、编、评、拍摄与制作课程的开设，还增加了短视频、动画、数据新闻、交互新闻等多种新媒体技术课程，打造"一专多能"的全媒体应用人才的培养模式。此外，针对创新型高素质人才的需求，先后开设了"互联网思维""创意思维训练""社会热点问题研究""融媒体运营"等课程，注重培养学生在新闻内容生产过程中的报道创新、运营扩展等方面的能力，从而有效提升学生的个人综合能力以及未来的就业竞争力。

2. 加强师资建设，整合学界业界提升实践教学水平

清华大学的李光希教授指出，新闻学需要的是实战与实践。这种实战与实践不仅体现在学生身上，同时反映在新闻传播学专业的教师身上。随着技术的快速发展，无人机、数据新闻、算法新闻等技术的出现对新闻专业的传统新闻教学也提出了挑战，新闻专业的教师在教书育人的过程中，需要不断对自身知识结构进行重组，不断与现有的新媒体技术进行接轨。

地方高校应鼓励新闻传播专业教师走出区域融媒体中心，真实地参与融媒体新闻中心及企业的运营过程，同时积极引进区域融媒体新闻中心的从业人员担任实践实训教师。武汉传媒学院新闻传播学院在构建区域融媒体中心协同育人模式的过程中，通过聘请湖北本地的资深媒体新闻人与院系青年教师共同授课的方式，整合学界和业界的教师资源，让双方优势互补，青年教师通过这种共同授课的方式可以了解行业最新的发展动态，同时根据行业动态及时调整自己的教学内容及授课方法。同时，武汉传媒学院新闻传播学院还鼓励教师利用寒暑假多参加业界举办的相关培训讲座，并输送专业教师进名校访学，利用线下和线上的各种资源，实现对青年教师的培养，增强学界和业界的联系和互动，不断提升教师的实践实战教学水平。

3. 借力区域融媒体资源，打造实践育人新平台

地方高校新闻专业可以借助本地融媒体中心的资源，开展深度合作。在融媒体中心项目的制作过程中，学生通过真操实练，让自己的理论知识得到应用，可以在就业之前适应融媒体中心的新闻生产与传播流程。

在与区域融媒体协同育人中，武汉传媒学院将学生课程体系分为两个部分：

理论教学（1~12周）与实践实训（13~20周），其中实践训练又分为课内实训与校内外媒体的项目实训。通过课内实训的方式将每一次理论教学的内容转化为学生的实践实操，并在理论课程结束后，将学生统一集中输送到湖北本地（如武汉电视台、长江日报等）的各大媒体单位、企业或校内媒体单位（学校宣传部、融媒体新闻中心等）进行实践训练，通过校内外的这种"真题真做"的实训项目，在学生的学习成果有效转化为融媒体产品的同时，培养学生综合运用理论知识和技能解决工作中实际问题的能力，从而全面提升学生的综合素养以及就业竞争力。

三、结　　语

区域融媒体的发展对我国基层舆论的引导以及传播体系的完善有着重要作用，地方高校作为服务地方发展的重要组成部分，应该积极为区域融媒体发展的人才需求提供保障。因此，构建地方高校新闻专业与区域融媒体协同发展的实践人才培养模式不仅能够为高校教师、学生带来实践的机会，提升人才培养质量，还可以有效推动区域融媒体的健康、高速发展，从而促进应用型高校满足服务地方发展的需求。

作者及所属单位：
姜娜敏　武汉传媒学院新闻传播学院讲师

多维度柔性引进人才
疏解县融发展痛点的路径解析

岑赤民

作为"十四五"规划的重要制度安排，县级融媒体建设的政策、技术、思路可谓"人人平等"。然而，全国2000多个县级融媒体中心的发展却参差不齐。有的如浙江安吉融媒体中心般成绩斐然，有的却步履蹒跚。在政策、技术、思路"人人平等"的情况下，人力资源已成为关键因素。

以"绿水青山就是金山银山"闻名的浙江安吉，经济实力并未处于浙江第一方阵，但其融媒体中心却取得了远超经济地位的成绩。2022年，安吉融媒体营收达4.87亿元，这一数字对许多县级融媒体而言堪称天文数字，甚至超过部分市级媒体。

安吉融媒体的成功，为其他县级融媒体提供了宝贵经验。其"新闻+政务服务商务"模式的成功，离不开强大的现代传播能力和制度化优势，而这些都与"人"的因素密切相关。安吉融媒体通过柔性引进人才，解决了技术瓶颈问题，推动了政策和技术的落地。

值得一提的是，柔性引进人才不仅能节约人力成本，还能发挥鲶鱼效应，对解决县级融媒体中的形式主义问题具有积极意义。

一、"安吉经验"最终落脚"人"的问题

浙江安吉，虽以"绿水青山就是金山银山"理念闻名，但其经济实力并非浙江顶尖。然而，安吉融媒体中心却取得了远超经济地位的成绩。2022年，安吉

融媒体营收达 4.87 亿元，这一数字对许多县级融媒体而言堪称天文数字，甚至超过部分市级媒体。

安吉融媒体的成功，得益于其在"新闻+政务服务商务"发展思路上的创新实践。其经验包括：一是柔性引进人才，突破智慧项目建设瓶颈；二是打造文创品牌，拒绝"外来和尚"；三是深耕县域经济发展；四是媒体赋能。

安吉融媒体的强大现代传播能力从何而来？又如何获得优质资源？答案在于"人"。

为解决技术瓶颈问题，安吉融媒体以"我"为主，引入高水平研发人才。早在 2014 年，安吉融媒体就研发了全国首个县级媒体的手机新闻客户端"爱安吉"，并柔性引进了日本东京大学的 6 名博士。所谓"柔性引进"，即博士们无须打卡报到，可在外地办公，与常规的"硬引进"相对。

安吉融媒体不仅通过柔性引进解决"人"的问题，还在打造文创品牌、深耕县域经济发展和媒体赋能等方面，充分体现了"人"的关键作用。例如，在打造文创品牌时，安吉融媒体凭借自身强大的制作水平，拒绝"种了自家的田，养肥别人的牛"，其制作的视频屡获国家、省、市各级评奖。

安吉融媒体的成功，生动诠释了"有为才有位"的理念。凭借优秀的人力资源，安吉融媒体制作出优质内容，赢得各级政府和企业的信任，成功打造文创品牌，并在服务县域经济发展中发挥重要作用。

二、"人"的问题成掣肘发展的痛点

与安吉不同，许多县级融媒体中心因"缺人"而陷入发展困境。好的思路、技术和政策在落实过程中乏力，甚至导致形式主义问题的出现，造成资源浪费。

例如，在实际工作中，县级融媒体中心往往要求各级政府部门的微信公众号纳入其矩阵，却拒绝"外来和尚"参与运营。然而，这种形式上的归口管理，若缺乏科学机制和人才支撑，很容易陷入"管而难运"的尴尬局面。

一个真实案例是，某县下属部门拟将微信公众号交给"外来和尚"运营，双方已明确责权利，但被县融媒体中心拒绝。该单位对融媒体中心的运营能力缺乏信任，而纳入矩阵后，公众号运营效果远低于预期，最终导致该单位失去办好公众号的积极性。

类似情况在县级融媒体矩阵中屡见不鲜。一些县级融媒体中心因人力资源不足，新媒体平台运营不善，形成"烂尾式"鸡肋，无法形成影响力。这种形式主义不仅浪费资源，还削弱了人们对融媒体中心的信任。

当县级融媒体中心无法提供高质量服务时，政府部门和企业在宣传片拍摄、活动策划等方面，往往不会优先考虑融媒体中心，导致其陷入"无为而无位"的困境。

因此，解决"人"的问题，是县级融媒体冲破发展瓶颈的关键。

三、多维度"柔性引进"破解"人"的问题

"郡县治，天下安；乡村兴，国家强。"新时期，媒体深度融合发展需要融入社会治理创新，县级融媒体中心建设也要参与和推动基层社会治理转型。

县级融媒体中心需全力做好智慧平台建设，构建数字化乡村新名片，以"内容为王"为根本遵循，做好内容输出，打通助农新模式，盘活资源，推动县域经济发展。

在智慧平台建设方面，安吉走在前列，类似的成功案例还有佛山的"佛山通"平台。该平台接入多项服务，涵盖"医食住行娱"等领域，极大增强了平台与用户的黏性。

然而，智慧平台的效益最终离不开"内容为王"。县级融媒体中心因人才匮乏，难以生产优质内容。此时，可借鉴安吉经验，进一步开拓"柔性引进"的外延和内涵。

例如，当自身制作能力不足时，可柔性引进专业顾问，共同制作宣传片和资料片。这种柔性引进不仅能提升内容质量，还能节约人力成本，同时起到培养人才的作用。

柔性引进顾问的维度和作用包括：一是对内容产出进行高质量把关；二是提升新媒体平台内容策划品质；三是整合资源，生产具有县域特色的内容；四是助力活动策划和创意更具针对性和高质量。

通过多维度柔性引进人才，县级融媒体中心可有效激发新媒体平台活力，形

成"聚是一团火,散是满天星"的良好局面,提升重建本地用户连接和融入基层治理的能力。

此外,柔性引进的人力成本相对较低,是"花小钱办大事"的体现。在媒体深度融合阶段,县级融媒体中心需作为"运动员"上场,发挥更大作用。通过柔性引进人才,可运用全媒体创意传播手段,打通助农新模式,推动县域经济发展。

例如,2021年10月,央广网携手京东推出"云遇中国"县域原产经济带振兴计划,运用全媒体创意传播手段,帮助县域政府及龙头企业打造品效结合的解决方案,全链路盘活各环节资源,深度激活县域原产经济带。

四、结 语

县级融媒体发展遭遇瓶颈时,不能仅靠"等靠要"和"临渊羡鱼",而应抓住"人"的问题,通过创新性的多维度柔性引进人才,放大"外来和尚会念经"的正面效应,疏解发展痛点,助力县级融媒体抓住大发展机遇,实现良性发展。

作者及所属单位:
岑赤民 武汉传媒学院新闻传播学院副教授

数说县域融媒体 (2018—2022)

2022年度湖北省县域政务融合传播指数分析报告

湖北长江云新媒体集团

2022年,党的二十大报告明确指出,加强全媒体传播体系建设,塑造主流舆论新格局。随着媒体融合的纵深推进,整体联动、同频共振的政务信息传播格局逐渐形成,在基层社会治理中的作用也不断增强。为客观评估县域政务融合传播效能,长江云大数据中心自2018年度起连续五年发布湖北省县域政务融合传播指数。

2022年度指数榜单在保持前四年指数整体框架和考察范围不变的基础上,优化模型和算力,增加数据维度,以期更全面深入考察县级政务传播效能,为全省各县(市、区)全面深化基层政务融合传播体系建设、助力基层社会治理提供数据化的分析参考。

一、2022 年度湖北省县域政务融合传播指数榜单

(一) 总榜

表1　2022 年度湖北省县域政务融合传播指数总榜前五十强

排名	区县名称	公开度	影响度	好感度	总分
1	钟祥市	832	665	694	734
2	红安县	888	683	617	732
3	房县	819	633	723	730
4	赤壁市	858	600	707	728
5	武穴市	815	621	702	717
6	竹山县	815	557	733	709
7	团风县	802	660	656	708
7	麻城市	844	628	640	708
9	保康县	823	513	749	704
10	松滋市	854	579	657	703
11	广水市	861	585	645	702
12	罗田县	808	628	653	700
13	通山县	833	583	657	697
14	枣阳市	851	568	651	696
14	公安县	818	542	706	696
16	利川市	788	580	687	690
16	南漳县	859	526	661	690
18	随县	788	565	693	688
19	咸安区	823	575	642	685

续表

排名	区县名称	公开度	影响度	好感度	总分
20	崇阳县	837	562	630	682
21	东西湖区	884	603	544	681
21	兴山县	757	536	727	681
23	沙洋县	814	481	709	678
24	远安县	763	533	715	677
24	当阳市	779	534	696	677
26	通城县	814	508	681	676
27	夷陵区	797	550	658	674
28	五峰自治县	765	544	690	672
29	蕲春县	816	690	508	670
30	秭归县	817	509	657	669
31	黄梅县	828	527	627	667
31	大冶市	826	491	659	667
31	仙桃市	847	549	588	667
34	大悟县	807	550	623	666
35	宜城市	812	513	648	665
35	浠水县	763	553	662	665
37	恩施市	805	569	605	664
37	郧阳区	813	506	649	664
37	郧西县	806	547	621	664
40	襄州区	829	468	663	663
41	黄州区	804	575	583	658
42	枝江市	791	532	630	657
42	英山县	780	605	578	657
44	谷城县	825	531	594	656

续表

排名	区县名称	公开度	影响度	好感度	总分
45	长阳自治县	751	507	682	654
46	阳新县	844	502	581	649
47	安陆市	771	515	634	646
47	老河口市	770	524	626	646
49	丹江口市	811	447	649	645
50	洪湖市	778	492	636	643

总榜排名显示，此次榜单的前三甲——钟祥市、红安县与房县均为"黑马"县市。钟祥市得分734分，2018年度仅位列第十五名，经过五年"爬坡过坎"荣登榜首；红安县则从2021年度的五十九名跃升至第二名，以732的高分实现了"触底反弹"；房县五年来一直在中上位段不断突破，经历了"13—27—6—9"的排名波动后，2022年度以730分首次跻身前三。

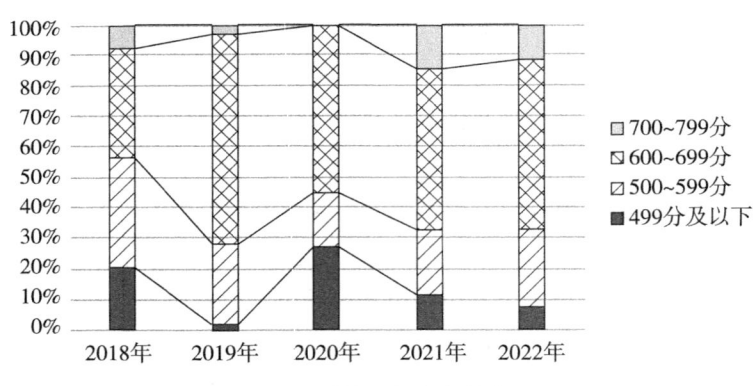

图1 总榜区间分布趋势

从总榜排名变化和得分情况来看，中位数638分为五年来中位数的最高分，全省县域政务融合传播的整体水平稳步提升。相比2018年度，2022年度700~799分段的县（市、区）新增4个，达到12个；600~699分段的县（市、区）新增20个，达到57个，累计增长54.1%；600分以下分段的县（市、区）减少

24 个,仅剩 34 个,降幅达 41.2%。

(二)公开度分榜

表 2　　2022 年度湖北省县域政务融合传播指数公开度分榜前五十强

排名	区县名称	信息公开基础建设程度	用户量	信息发布度	原创公开度	公开度
1	红安县	1000	789	871	948	888
2	东西湖区	1000	910	826	887	884
3	广水市	1000	780	821	946	861
4	南漳县	1000	792	833	837	859
5	赤壁市	1000	843	801	890	858
6	松滋市	1000	866	767	974	854
7	枣阳市	1000	881	785	825	851
8	仙桃市	1000	702	839	869	847
9	阳新县	1000	921	759	803	844
9	麻城市	1000	755	804	908	844
11	崇阳县	1000	833	765	875	837
12	通山县	1000	813	758	917	833
13	钟祥市	1000	845	760	835	832
14	襄州区	1000	802	798	695	829
15	黄梅县	1000	696	792	929	828
16	大冶市	1000	816	789	686	826
17	谷城县	1000	792	774	793	825
18	咸安区	1000	909	731	760	823
18	保康县	1000	774	795	703	823
20	潜江市	1000	785	775	764	821
21	房县	1000	790	759	817	819
22	公安县	1000	770	755	867	818
23	秭归县	1000	861	722	842	817

续表

排名	区县名称	信息公开基础建设程度	用户量	信息发布度	原创公开度	公开度
24	蕲春县	1000	769	736	941	816
25	竹山县	1000	803	746	809	815
25	武穴市	1000	735	761	874	815
27	沙洋县	1000	747	753	888	814
27	通城县	1000	786	758	777	814
29	郧阳区	1000	790	787	619	813
30	宜城市	1000	781	744	833	812
31	丹江口市	1000	801	743	790	811
32	罗田县	1000	701	757	888	808
33	大悟县	1000	686	751	947	807
34	郧西县	1000	819	709	876	806
35	恩施市	1000	706	761	832	805
36	黄州区	1000	592	782	952	804
36	天门市	1000	753	745	810	804
38	团风县	1000	678	741	959	802
39	蔡甸区	1000	602	776	884	797
39	夷陵区	1000	872	693	759	797
41	枝江市	1000	824	705	738	791
42	利川市	1000	701	719	890	788
42	随县	1000	628	734	948	788
44	石首市	1000	657	737	829	783
45	宜都市	1000	809	675	828	782
45	云梦县	1000	710	716	816	782
47	嘉鱼县	1000	671	711	917	781
48	英山县	1000	787	666	899	780
48	孝昌县	1000	681	743	723	780
50	当阳市	1000	874	640	842	779

公开度分榜主要考察各县（市、区）政务公开的能力水平，2022年公开度分榜前三甲分别为红安县、武汉市东西湖区和广水市。其中，武汉市东西湖区连续四年位列前五；第一名红安县和第三名广水市在五年间的排名则呈现出"U"字形走势。红安县2018年排名第六，此后两年排名持续下降，2020年跌至第六十三名，2021年排名反弹，2022年以888分升至榜首。广水市2018年排名第十三，2019年跌至第八十五名，此后三年排名持续回升，2022年以861分位列第三。

从得分情况来看，2022年度88%的县（市、区）在"信息公开基础建设程度"二级指标项取得满分，即实现了"网站、客户端、微博、微信、抖音"的渠道全覆盖；"信息发布度"代表各平台信息发布总量及发布频次，7个县（市、区）的该指标得分在800分以上，占比7.1%，其中红安县得分最高，为871分；"原创公开度"包含原创信息数及其占比，松滋市得分最高，为974分；"用户量"指各平台粉丝数，该指标项得分800分以上有21个县（市、区），占比20.3%，且首次出现900分以上分段，其中，阳新县得分最高，为921分。

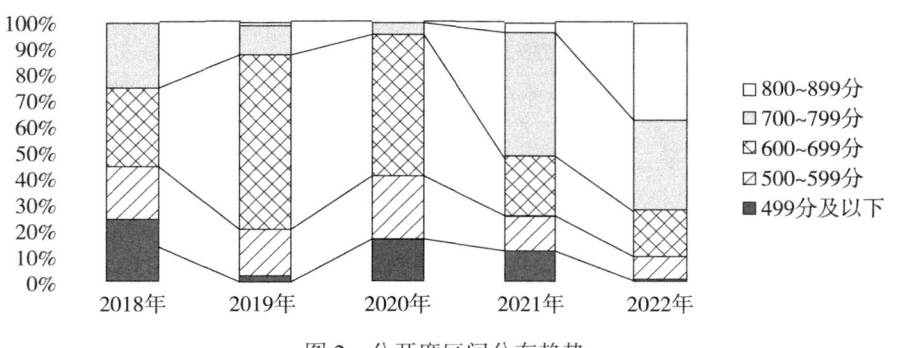

图2 公开度区间分布趋势

从排名变化来看，800~900分段的县（市、区）数量自2021年实现"0突破"后，2022年激增到38个，政务公开能力整体大幅提升。相比2018年，2022年度700~800分段的县（市、区）36个，减少比例为38.2%；600~699分段的县（市、区）19个，减少比例为58.2%；600分以下的低分段仅10个，减少比例达72.1%。

(三) 影响度分榜

表3　**2022年度湖北省县域政务融合传播指数影响度分榜前五十强**

排名	区县名称	传播影响范围	传播影响峰值	传播互动度	影响度
1	蕲春县	756	677	632	690
2	红安县	639	710	714	683
3	钟祥市	729	722	573	665
4	团风县	724	645	603	660
5	房县	666	713	561	633
6	罗田县	725	657	516	628
6	麻城市	703	666	533	628
8	武穴市	748	632	488	621
9	英山县	598	650	588	605
10	东西湖区	662	592	550	603
11	赤壁市	609	630	576	600
12	广水市	535	616	619	585
13	通山县	650	578	518	583
14	利川市	536	638	595	580
15	松滋市	666	616	473	579
16	黄州区	562	671	542	575
16	咸安区	562	643	554	575
18	恩施市	604	513	561	569
19	枣阳市	678	550	466	568
20	随县	644	534	500	565
21	汉南区	498	551	638	564
22	崇阳县	671	543	462	562
23	竹山县	515	563	596	557
24	浠水县	646	542	466	553

续表

排名	区县名称	传播影响范围	传播影响峰值	传播互动度	影响度
25	京山市	643	546	459	550
25	大悟县	592	583	491	550
25	夷陵区	610	571	478	550
28	仙桃市	637	624	422	549
29	郧西县	607	599	460	547
30	五峰自治县	606	573	468	544
31	公安县	551	559	523	542
32	兴山县	591	506	497	536
33	当阳市	492	575	556	534
34	远安县	638	503	442	533
34	天门市	622	536	442	533
36	枝江市	517	635	496	532
37	谷城县	573	548	482	531
38	黄梅县	514	564	521	527
39	南漳县	507	603	508	526
40	老河口市	594	568	431	524
41	安陆市	623	527	401	515
42	监利市	560	498	477	514
43	保康县	498	578	496	513
43	宜城市	581	563	419	513
45	秭归县	535	622	427	509
46	通城县	504	553	489	508
47	长阳自治县	573	473	458	507
48	郧阳区	518	540	478	506
48	建始县	556	432	494	506
50	宜都市	610	513	393	504

在影响度分榜排行中，前三甲均创造了历史最好成绩。其中，蕲春县以690

分位居榜首,继 2020 年度后重回榜单前三;红安县以 683 分位居第二,在连续两年排名下降后"V 形"反弹,首次跻身榜单前列;钟祥市以 665 分名列第三,2020 年度以来排名实现了"45—13—3"的"三级跳"。

影响度主要是考量各县(市、区)发布政务内容的传播影响力,该分榜包含"传播影响范围""传播影响峰值"及"传播互动度"3 个二级指标,主要通过网民的阅读、转发、在看、评论等数据进行统计。数据显示,2022 年度"传播影响范围"最高分是蕲春县,得分 756 分;"传播影响峰值"最高分是钟祥市,得分 722 分;"传播互动度"最高分是红安县,得分 714 分。

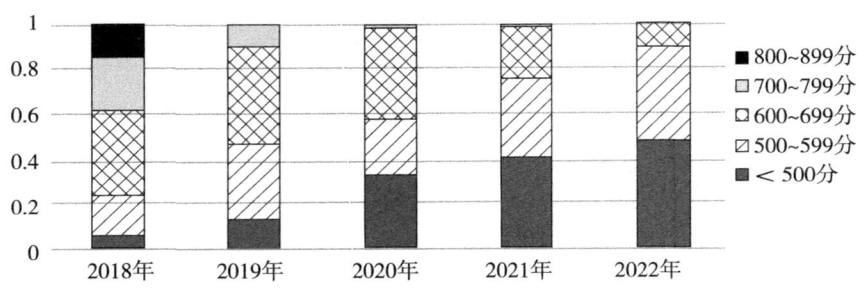

图 3　影响度区间分布趋势

从得分观察,2022 年的影响度分榜均值为 487.7 分,相比 2021 年下降 4.8%,66.0%的县(市、区)影响度得分较 2021 年出现下滑。从得分区间来看,得分在 600 分以上的"头部"县(市、区)数量降幅最大,较 2021 年下降 13 个百分点。

(四) 好感度分榜

表 4　　2022 年度湖北省县域政务融合传播指数好感度分榜前五十强

排名	区县名称	美誉度	风险度	认同度	好感度
1	保康县	890	747	631	749
2	竹山县	949	664	618	733

续表

排名	区县名称	美誉度	风险度	认同度	好感度
3	兴山县	870	772	561	727
4	房县	909	609	678	723
5	远安县	854	793	517	715
6	沙洋县	870	651	630	709
7	赤壁市	944	562	648	707
8	公安县	888	576	680	706
9	武穴市	902	567	666	702
10	当阳市	866	679	569	696
11	钟祥市	896	587	627	694
12	随县	899	626	584	693
13	五峰自治县	903	714	484	690
14	利川市	886	579	625	687
15	长阳自治县	863	634	574	682
16	通城县	890	608	576	681
17	襄州区	872	589	557	663
18	浠水县	833	530	649	662
19	南漳县	848	516	644	661
20	大冶市	932	567	516	659
21	夷陵区	869	637	497	658
22	秭归县	881	619	504	657
22	通山县	888	559	557	657
22	松滋市	840	550	608	657
25	团风县	866	570	561	656
26	鹤峰县	889	726	383	654
27	罗田县	888	566	539	653
27	沙市区	928	681	388	653
29	枣阳市	801	543	629	651
30	郧阳区	832	559	582	649

续表

排名	区县名称	美誉度	风险度	认同度	好感度
30	丹江口市	826	561	584	649
32	宜城市	881	637	459	648
33	来凤县	886	704	382	646
34	广水市	854	485	626	645
35	竹溪县	853	645	465	644
36	咸安区	842	508	606	642
36	咸丰县	884	690	386	642
38	麻城市	878	507	570	640
39	铁山区	819	783	339	638
40	云梦县	870	636	437	637
41	洪湖市	878	585	481	636
41	襄城区	850	657	431	636
43	安陆市	893	572	475	634
44	巴东县	879	606	444	631
45	枝江市	730	600	574	630
45	崇阳县	821	517	579	630
47	黄梅县	819	494	595	627
48	老河口市	815	548	540	626
49	大悟县	834	540	526	623
50	郧西县	747	590	545	621

好感度分榜中，前三甲均为"熟面孔"。其中，保康县以749分首次登顶，其在2020年位列第二；竹山县以733分名列第二，在2018年和2020年均为榜首；兴山县排名第三，得分为727分，在2019年和2021年分别居于第二和第一。

该分榜包含"美誉度""风险度"及"认同度"3个二级指标，据相关媒体报道、网民评价、用户活跃、舆情风险等维度来计算。"美誉度"最高分是竹山县，得分949分；"风险度"最高分是远安县，得分793分；"认同度"最高分是红安县，得分 730 分。

从得分情况来看，全省县（市、区）好感度较 2021 年出现小幅回落，平均分值为 610.5 分，降幅约 6.3%。其中，"美誉度""风险度"平均分值分别下降 4.1% 和 3.0%，仅"认同度"较 2021 年上涨 6.2%，为 497.1 分。

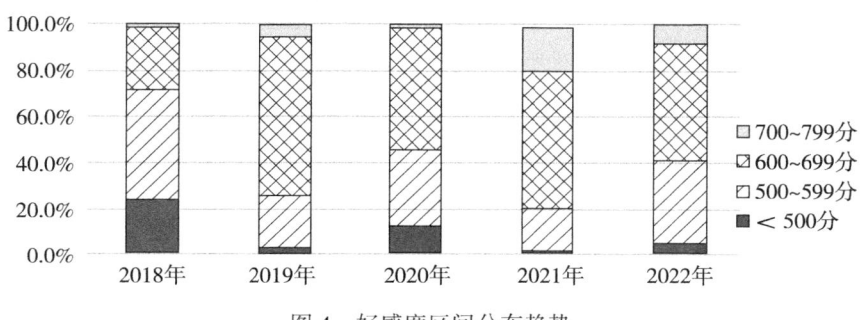

图 4 好感度区间分布趋势

对好感度的五年数据进行历时观察，好感度得分最集中的为 500～699 分的中位分段，连续五年占比均超七成；且从 2019 年起，600～699 分的中上位分段占比均过半，表明好感度的"中坚力量"稳固。

二、县域政务融合传播的特点与发展趋势

（一）二三类县（市、区）级融合传播势头持续强劲，与区级融合传播的差距进一步扩大

从全省县域经济发展考核维度（分类标准参见文末指数榜单说明第五点）观察发现，二三类县（市、区）政务融合传播的发展势头持续强劲。

五年来，总榜前十席位中，86.0% 以上被二三类县（市、区）占据，近两年总榜前十更是全部来自二三类县（市、区）。2022 年，二三类县（市、区）持续发力，由 2021 年总榜前五十强中占据 38 席上升到 41 席，相比 2018 年上升 6.0%。反观一类县（市、区），前十强占比逐年下降，2020 年仅宜昌市夷陵区一个一类县（市、区）进入前十。发展乏力的问题同样存在于未列入三种类型的

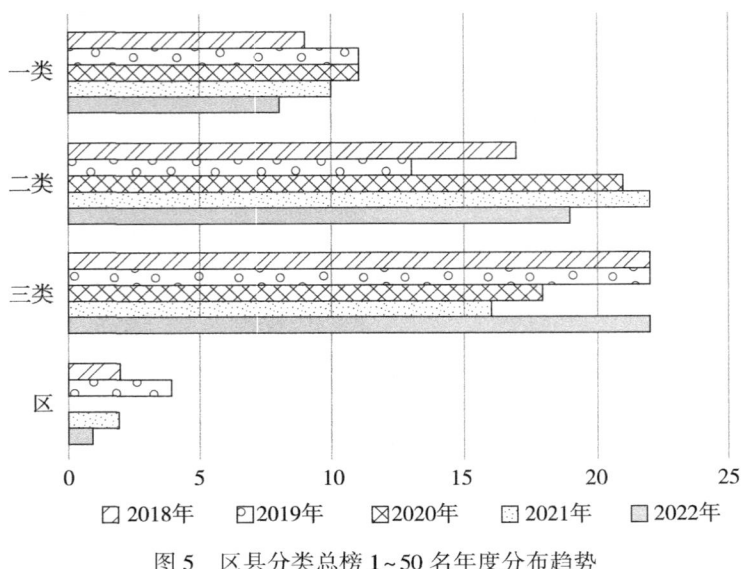

图 5 区县分类总榜 1~50 名年度分布趋势

县（市、区），五年来，总榜前五十强中，未列入三种类型的县（市、区）未超过 4 席，2022 年仅武汉市东西湖区入围前五十名，而位列 70 名及以后的未列入三种类型的县（市、区）连续三年超过 20 个，发展滞后现象进一步固化。

（二）区域间发展渐趋平衡，鄂东北、鄂东南稳中有进，鄂西南整体竞争力明显增强

进行历时分析发现，湖北省县域政务融合传播此前存在的区域发展不平衡情况在 2022 年得以逆转，整体呈现出更加均衡发展的态势。

2022 年度总榜入围全省前五十强的县（市、区）中，鄂东南占比 26.1%，鄂西北占比 24.2%，鄂西南占比 20.2%，鄂东北占比 16.0%，江汉平原占比 14.2%。其中，鄂西南增幅最大，相比 2021 年上升 10.4%，区域整体实力和竞争力明显增强。

其次，区域之间占比率的极差由 2021 年的 18.1% 缩小到 12.3%，这也意味着区域发展更趋平衡。数据显示，江汉平原入围前五十强的县（市、区）数量减少，由 2021 年的 12 个下降到 7 个县（市、区）；鄂西北由 2021 年的 14 个下降

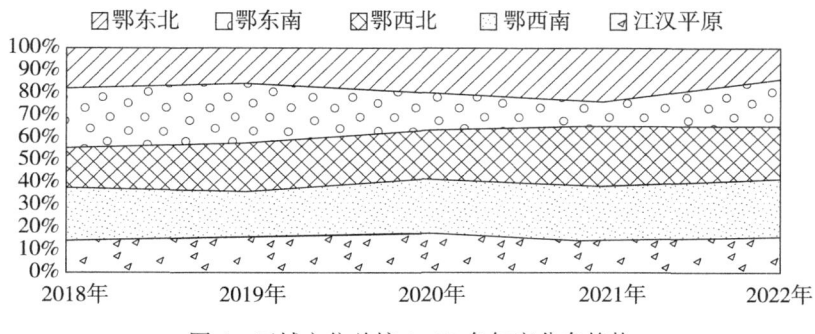

图 6　区域方位总榜 1～50 名年度分布趋势

到 12 个县（市、区）。鄂东北、鄂东南则保持稳中向好态势，入围数量各上升 1 个。

（三）主要传播阵地从"两微一端"向短视频平台拓展，政务传播视频化的带动作用明显

2022 年，全省多个县（市、区）主动顺应视频化传播趋势，重视在抖音等视频平台的内容生产和传播，增强与网民的双向互动，政务传播语态也随之发生变化。截至 2022 年，全省有 88 个县（市、区）已开设有 312 个政务抖音账号，账号数较 2021 年新增 6 个，平均每个县（市、区）账号数将近 4 个。

视频类账号的新增放缓，但传播效能却呈现出跨越式增长。数据显示，2022 年，全省县（市、区）政务抖音总动态数、抖音总评论数、抖音总点赞数、抖音总分享数较 2021 年分别增长 47.4%、312.3%、23.9%、56.9%。其中，荆州市荆州区、武汉市汉南区、鄂州市华容区、红安县、钟祥市、武汉市新洲区等县（市、区）的抖音得分对其总榜得分带动作用较大。如荆州市荆州区抖音得分由 2021 年的 0 分增长至 151.2 分，钟祥市和红安县抖音平台得分较 2021 年涨幅分别为 15.2% 和 27.1%，视频化传播成为各县（市、区）推进政务融合传播的重要助力。

（四）持续放大在地性优势，用优质原创内容夯实基层舆论阵地

观察发现，各县（市、区）政务融合传播的内容建设得到加强。一方面，原

创内容量持续增长。数据显示，网站、微博、微信、抖音等平台在原创内容数量上均有上升，且五年来呈持续上升态势。其中，微信平台增幅最大，相比2021年增幅接近2000%，网站增幅达到56.2%，抖音平台增幅达到50.2%，微博平台增幅近37.9%。

另一方面，本土特色原创内容增多。数据显示，县（市、区）各平台内容中原创的本地化内容占比逐年提升，年平均增长率约为34.1%。其中，抖音平台的本地内容年平均增长率达到37.5%，位列各平台增幅之首；其次是微信平台的本地化内容年平均增长率为28.7%；微博平台的本地化内容年平均增长率22.6%，网站的本地内容年平均增长率15.2%。各县（市、区）立足本土，注重原创，将触角伸向基层，通过增加来自基层的鲜活内容放大在地性优势，更好地提升区县级融合传播矩阵的传播力、引导力、影响力与公信力。

五年来，湖北省各县（市、区）的政务融合传播平台建设更趋完善，区域间发展渐趋平衡，内容运营的视频化、原创化和本土化趋势逐步增强，融合传播效能大幅提升。伴随媒介融合的纵深推进，政务融合传播阵地作为主流舆论引导和基层社会治理中不可或缺的重要力量，必将进一步加快推进社会治理的现代化。

三、2022年度湖北省县域政务融合传播指数榜单说明

（一）数据采集来源和时间说明

根据中华人民共和国民政部全国行政区划信息，湖北地区总计103个县（市、区），其中包括4个省直辖县级行政单位（仙桃市、天门市、潜江市、神农架林区）。此次榜单采集了103个县（市、区）官方政府网站、微信、微博、抖音、官方政务客户端、报纸、电视、广播等多种媒介的多种指标数据。数据采集时间为2022年1月1日—2022年12月31日。

（二）数据指数排行榜的指标与维度说明

公开度指标，主要统计各县（市、区）政府官网、微博、微信、客户端、抖音、头条及各大新闻媒体等全网平台账号开设情况、官方政务客户端建设及新闻

公开、政务公开、发文情况总和及原创情况总和；影响度指标，统计的是各平台可获得的粉丝数、阅读数、转发数、分享数、评论数、最高阅读篇数、最高评论数、最高分享数等指标；好感度指标，依据的是媒体正负面报道、网民评价、点赞数等指标来计算。

2022年的指标体系主要对四级指标进行了进一步优化，相比2021年度的指数模型，新增了1个四级指标——抖音收藏数，取消抖音转发数、抖音最高转发数、抖音篇均点赞数3个平台不再公开数据的四级指标。整体指标体系整个指标体系共分4个层级展开，总指标体系由3个一级指标、10个二级指标、37个三级指标和81个四级指标构成。考虑到各指标在反映传播能力方面存在差异，因此不同指标被赋予不同权重，一级指标的公开度、影响度、好感度，其权重分别为35%、30%、35%。

（三）数据计算原则和方法说明

考虑到各指标下，不同县域之间的影响力悬殊较大，计算指标时均采用了取LN的方法，以缩小最大值和最小值之间的差距，消除数据间的极值差异，让后位者仍能看到上升空间。标准化到1000分的计算逻辑是：A得分8分，B得分6分，C得分4分，那么标准化后A得分是1000分，B得分是$1000×6/8=750$分，C得分是$1000×4/8=500$分。

（四）榜单排名规则

指数榜单由研究团队通过采集103个县（市、区）的多传播渠道的多维度指标数据，计算平均值后按数值高低进行排序。本次榜单得分只保留到整数部分，传播指数相同的排名，依据得分小数点后的数据大小从高到低依次排列。

（五）列入全省县域经济发展考核的78个县（市、区）名单

根据2021年省委办公厅、省政府办公厅《湖北省县域经济高质量发展综合评价方案（试行）》要求和2022年3月《省发改委、省统计局关于2021年湖北省县域经济高质量发展综合评价情况的通报》公布的结果，湖北省根据综合质效、创新发展、协调发展、绿色发展、开放发展、共享发展等指标，对103个县

级行政区中的78个县（市、区）分三类进行考核。

第一类县（市、区）23个，即国家和省重点开发区域所在的县（市、区），分别是武汉市蔡甸区、武汉市江夏区、武汉市黄陂区、武汉市新洲区、襄阳市襄州区、枣阳市、宜昌市夷陵区、宜都市、枝江市、大冶市、荆州市荆州区、荆门市东宝区、鄂州市鄂城区、鄂州市华容区、孝感市孝南区、汉川市、应城市、黄冈市黄州区、咸宁市咸安区、随州市曾都区、仙桃市、潜江市、天门市。

第二类县（市、区）25个，即限制开发区域的国家农产品主产区所在县（市、区），分别是宜城市、老河口市、谷城县、当阳市、阳新县、江陵县、松滋市、公安县、石首市、监利市、洪湖市、沙洋县、钟祥市、京山市、云梦县、安陆市、团风县、蕲春县、武穴市、黄梅县、嘉鱼县、赤壁市、崇阳县、随县、广水市。

第三类县（市、区）30个，即限制开发区域的国家和重点生态功能区所在的县（市、区），分别是南漳县、保康县、远安县、兴山县、秭归县、长阳土家族自治县、五峰土家族自治县、丹江口市、郧西县、竹山县、竹溪县、房县、十堰市郧阳区、大悟县、孝昌县、红安县、麻城市、罗田县、英山县、浠水县、通城县、通山县、恩施市、利川市、建始县、巴东县、宣恩县、咸丰县、来凤县、鹤峰县。

发布单位：湖北长江云新媒体集团

报告编审：朱昊　邓秀松

策划统筹：李小芳

报告撰写：湖北长江云新媒体集团大数据中心　吴文越　雷洁

数据分析：湖北长江云新媒体集团大数据中心　张佩

数据提供：湖北长江云新媒体集团大数据中心

2021年度湖北省县域政务融合传播指数分析报告

湖北长江云新媒体集团

2018年8月，习近平总书记在全国宣传思想工作会议上指出，"要扎实抓好县级融媒体中心建设"，自此，全国县级融媒体中心建设拉开序幕。以县级融媒体中心为主力军的基层政务融合传播体系建设启动，成为我国社会基层治理的重要平台。为服务于融合传播的发展战略，长江云大数据中心在国内首创跨平台的融合传播评价指数模型，并持续发布2018—2020年度湖北省县域政务融合传播指数。

2021年度，湖北省县域政务融合传播指数的考察范围不变，并在保持前三年指数整体框架不变的基础上，不断优化模型和算力，新增1个二级指标、11个三级指标和28个三级指标。具体而言，在二级指标中新增用户量指标数据，在三四级指标中新增抖音政务号转发数、长江云"云上"系列客户端稿件阅读量等维度数据，旨在更全面、更深入地考察县级政务传播效能，为全省各县（市、区）全面深化基层政务传播体系建设提供数据化的分析参考。

一、榜 单 情 况

（一）总榜

表1　总榜：2021年度湖北省县域政务融合传播指数总榜排行榜 前五十强

2021年排名	区县	公开度	影响度	好感度	总榜
1	南漳县	834	699	733	758
2	公安县	788	671	743	737
3	松滋市	765	695	735	734
4	广水市	777	701	688	723
5	赤壁市	782	631	729	718
6	竹山县	780	625	734	717
7	枣阳市	820	646	674	717
8	钟祥市	772	633	728	715
9	房县	786	623	722	715
10	通城县	756	656	724	715
11	保康县	779	630	717	713
12	东西湖区	855	655	609	709
13	武穴市	738	630	741	707
14	谷城县	813	632	662	706
15	英山县	698	641	756	701
16	大冶市	784	587	712	699
17	襄州区	796	589	694	698
18	丹江口市	789	615	672	696
19	沙洋县	694	642	739	694
20	秭归县	783	595	689	694

续表

2021年排名	区县	公开度	影响度	好感度	总榜
21	兴山县	744	547	766	693
22	崇阳县	753	615	698	692
23	郧阳区	750	617	686	688
24	黄梅县	736	653	657	684
25	咸安区	754	592	690	683
26	麻城市	760	601	674	682
27	宜都市	742	592	699	682
28	宜城市	761	566	684	675
29	随县	727	577	705	675
30	团风县	730	597	684	674
31	夷陵区	744	571	689	673
32	罗田县	752	560	688	672
33	通山县	737	604	664	672
34	蕲春县	709	635	664	672
35	枝江市	713	550	731	670
36	仙桃市	798	557	637	669
37	浠水县	710	583	690	665
38	石首市	753	539	685	665
39	潜江市	740	537	691	662
40	蔡甸区	706	625	640	659
41	竹溪县	734	562	666	659
42	应城市	726	558	665	654
43	京山市	732	540	671	653
44	郧西县	690	546	704	652
45	阳新县	771	676	508	651

续表

2021年排名	区县	公开度	影响度	好感度	总榜
46	安陆市	703	545	684	649
47	老河口市	750	541	639	648
48	天门市	748	557	624	648
49	神农架林区	714	493	704	645
50	洪湖市	705	525	685	644

南漳、公安、松滋三县市分别以758、737、734的总分位列2021年度湖北县域政务融合传播指数排行榜总榜前三。

南漳县的排名实现了四年间"44进22进2再进1"的稳步跃升。据了解，南漳于2019年启动融媒体中心建设，通过机构整合，在2020年基本实现了"报、网、端、微、屏"等端口资源的共融共享。其改革成效直接体现在了排名上，2020年度南漳排名闯入前三，并于2021年度摘得桂冠。

公安县的排名进步同样明显。该县在2018年度和2019年度总榜单中排名中下位，2020年度跃居总榜单前三，2021年度更是稳居第二，成为公开度、影响度、好感度均跻身前十的融媒头部县。

松滋市作为本年度榜单中的一匹"黑马"，在2018—2020年度均未入围总榜单前四十强，2021年度跃进前三，实现了从"后进生"到"尖子生"的完美逆袭。

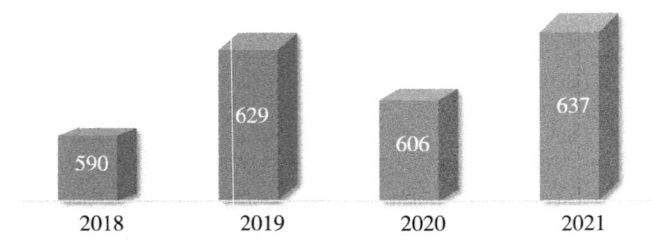

图1 总榜得分中位数趋势

纵观总榜四年得分，全省县域政务融合传播的整体水平呈向上发展趋势。从

2021年度总榜可以看到，中位数637分，为四年中最高分；700~799分段的县（市、区）达15个，比2018年度增加7个；600~699分段的县（市、区）共54个，比2018年度增加17个，增长46%；600分以下分段的县（市、区）共34个，较2018年度减少24个，减幅达41%。

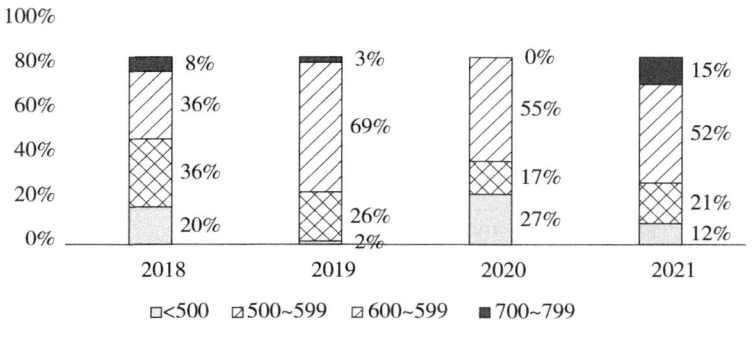

图2 传播指数区间分布趋势

（二）公开度分榜

表2 分榜：2021年度湖北省县域政务融合传播指数公开度排行榜 前五十强

2021年排名	区县名称	信息公开基础建设程度	用户量	信息发布度	原创公开度	公开度
1	东西湖区	1000	874	831	770	855
2	南漳县	1000	859	846	526	834
3	枣阳市	1000	897	791	554	820
4	谷城县	1000	872	807	484	813
5	仙桃市	1000	804	805	543	798
6	襄州区	1000	815	828	380	796
7	丹江口市	1000	801	785	564	789
8	公安县	1000	764	807	554	788

续表

2021年排名	区县名称	信息公开基础建设程度	用户量	信息发布度	原创公开度	公开度
9	房县	1000	831	779	477	786
10	大冶市	1000	830	773	487	784
11	秭归县	1000	843	749	550	783
12	赤壁市	1000	781	789	538	782
13	竹山县	1000	813	767	527	780
14	保康县	1000	752	837	354	779
15	广水市	1000	785	778	527	777
16	钟祥市	1000	828	739	542	772
17	阳新县	1000	861	729	484	771
18	松滋市	1000	811	742	513	765
19	宜城市	1000	750	792	394	761
20	麻城市	1000	804	746	457	760
21	通城县	1000	755	711	736	756
22	咸安区	1000	798	714	578	754
23	崇阳县	1000	822	711	512	753
24	石首市	1000	775	725	583	753
25	罗田县	1000	739	751	546	752
26	老河口市	1000	747	778	372	750
27	孝昌县	1000	726	751	567	750
28	郧阳区	1000	780	763	343	750
29	天门市	1000	802	740	380	748
30	夷陵区	1000	833	723	325	744
31	兴山县	1000	782	728	453	744
32	宜都市	1000	784	682	662	742
33	黄州区	1000	655	794	483	742
34	潜江市	1000	832	698	411	740

续表

2021年排名	区县名称	信息公开基础建设程度	用户量	信息发布度	原创公开度	公开度
35	红安县	1000	729	782	297	739
36	武穴市	1000	746	737	459	738
37	通山县	1000	738	729	511	737
38	黄梅县	1000	739	741	436	736
39	竹溪县	1000	719	746	455	734
40	京山市	1000	726	703	632	732
41	团风县	1000	708	712	618	730
42	随县	1000	690	697	718	727
43	应城市	1000	796	666	541	726
44	云梦县	1000	711	685	688	725
45	神农架林区	1000	747	687	467	714
46	枝江市	1000	752	713	305	713
47	孝南区	1000	673	734	420	711
48	浠水县	1000	809	651	417	710
49	蕲春县	1000	809	659	375	709
50	远安县	1000	705	729	309	707

在公开度分榜中，武汉市东西湖区以855分高居榜首，南漳县以834分位居第二，枣阳市以820分居于第三。此外，谷城县的公开度得分也在800分以上。

公开度分榜考察的是各县（市、区）政务公开的能力水平，包含"信息公开基础建设程度""信息发布度""原创公开度"及"用户量"4个二级指标。2021年度数据显示，85%的县（市、区）在"信息公开基础建设程度"指标项取得满分，即实现了"网站、客户端、微博、微信、抖音"的渠道全覆盖；"信息发布度"指各平台信息发布总量及发布频次，7个县（市、区）的该指标得分在800分以上，占比7%，其中南漳县得分最高，为846分；"原创公开度"指原创信息数及其占比，武汉市汉南区得分949分，与第二名拉开了179分的差距；

"用户量"指各平台粉丝数,该指标项得分在 800 分以上有 22 个县(市、区),占比 21%,其中,枣阳市得分最高,达到 897 分。

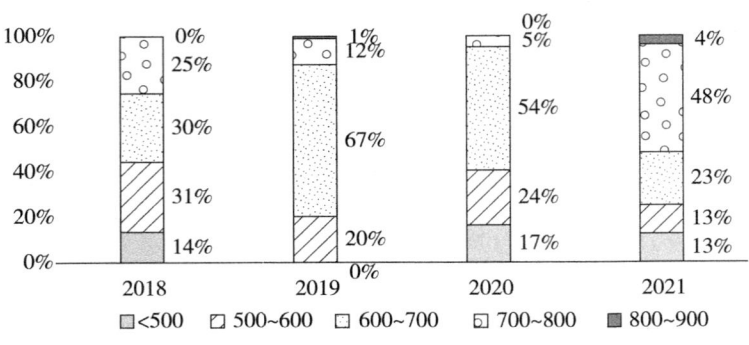

图 3　公开度区间分布趋势

对比公开度分榜的四年得分发现,全省各县(市、区)整体政务公开水平呈曲折上升态势。2021 年度得分显示,800~900 分段的县(市、区)4 个,占比 4%,突破了前三年度该区间占比几乎为 0 的局面;700~800 分段的 49 个,占比 48%,较 2018 年度增长 88%;600~699 分段的 24 个,占比 23%,较 2018 年度减少 23%;600 分以下的低分段 26 个,占比 26%,较 2018 年度减少 43%。

(三)影响度分榜

表 3　分榜:2021 年度湖北省县域政务融合传播指数影响度排行榜 前五十强

2021 年排名	区县名称	传播影响范围	传播影响峰值	传播互动度	影响度
1	广水市	679	627	761	701
2	南漳县	763	654	659	699
3	松滋市	765	642	653	695
4	阳新县	679	645	689	676
5	公安县	667	690	665	671
6	通城县	722	586	624	656

续表

2021年排名	区县名称	传播影响范围	传播影响峰值	传播互动度	影响度
7	东西湖区	665	675	635	655
8	黄梅县	696	600	637	653
9	枣阳市	696	654	593	646
10	沙洋县	711	580	604	642
11	英山县	668	602	634	641
12	蕲春县	716	627	559	635
13	钟祥市	704	708	526	633
14	谷城县	680	603	597	632
15	赤壁市	691	565	604	631
16	保康县	631	652	618	630
17	武穴市	790	581	494	630
18	蔡甸区	642	600	621	625
19	竹山县	669	587	601	625
20	房县	675	578	595	623
21	郧阳区	652	545	619	617
22	丹江口市	669	604	567	615
23	崇阳县	694	576	556	615
24	通山县	666	589	549	604
25	麻城市	664	569	554	601
26	团风县	641	586	560	597
27	秭归县	659	588	535	595
28	宜都市	642	537	570	592
29	咸安区	642	514	580	592
30	襄州区	609	573	577	589
31	大冶市	663	579	513	587
32	浠水县	625	581	543	583
33	随县	608	572	549	577
34	红安县	637	574	514	575

续表

2021年排名	区县名称	传播影响范围	传播影响峰值	传播互动度	影响度
35	夷陵区	665	528	499	571
36	监利市	613	628	500	571
37	宜城市	621	552	517	566
38	竹溪县	600	529	541	562
39	黄州区	614	564	508	562
40	罗田县	663	543	466	560
41	应城市	619	503	524	558
42	天门市	619	532	509	557
43	仙桃市	655	588	442	557
44	枝江市	640	502	485	550
45	兴山县	613	458	525	547
46	郧西县	576	487	545	546
47	安陆市	622	521	479	545
48	大悟县	577	505	533	545
49	张湾区	593	526	497	541
50	老河口市	622	561	449	541

在影响度分榜中，广水市以701分位居榜首，南漳县以699分位居第二，松滋市以695分名列第三。自2018年度以来，广水市在该分榜得分持续稳居前列，2021年度更是夺得影响力分榜第一。

影响度主要考量各县（市、区）政务内容的传播影响力，该分榜包含的二级指标有"传播影响范围""传播影响峰值"及"传播互动度"，主要统计用户阅读、转发、在看、评论等数据。数据显示，"传播影响范围"最高分是武穴市，得分790分；"传播影响峰值"最高分是钟祥市，得分708分；"传播互动度"最高分是广水市，得分为761分。

影响度分榜的整体得分在三大分榜中相对较低，且四年间呈现明显下降趋势。以2021年度得分来看，全省无得分在800分以上的县（市、区），而2018

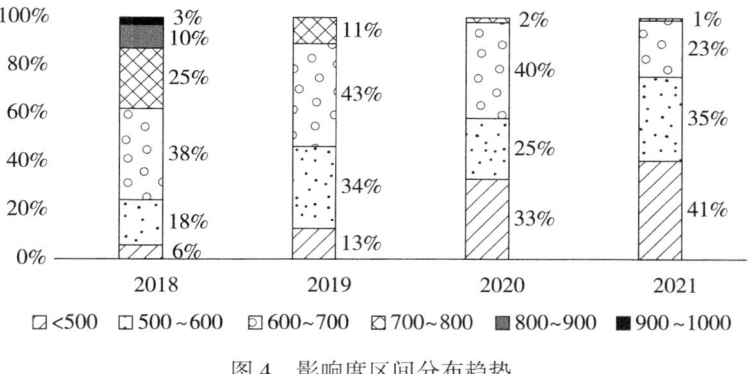

图 4 影响度区间分布趋势

年度位于该分段的县（市、区）有 13 个；700~799 分段的县（市、区），2021年度仅 1 个，2018 年度则有 26 个；600~699 分段，2018 年度有 39 个县（市、区），2021 年度仅 24 个；600 分以下分段，2018 年度有 25 个县（市、区），而 2021 年度则高达 78 个。

（四）好感度分榜

表 4 分榜：**2021 年度湖北省县域政务融合传播指数好感度排行榜 前五十强**

2021 年排名	区县名称	美誉度	风险度	认同度	好感度
1	兴山县	941	718	581	766
2	英山县	905	660	654	756
3	公安县	914	579	678	743
4	武穴市	925	592	644	741
5	沙洋县	863	601	714	739
6	松滋市	851	573	743	735
7	竹山县	916	606	619	734
8	南漳县	846	519	795	733
9	枝江市	911	694	528	731

续表

2021年排名	区县名称	美誉度	风险度	认同度	好感度
10	赤壁市	902	569	658	729
11	钟祥市	918	656	547	728
12	通城县	907	585	621	724
13	房县	920	650	531	722
14	保康县	891	625	577	717
15	鹤峰县	909	726	435	712
16	大冶市	956	601	497	712
17	五峰自治县	927	727	402	709
18	随县	915	595	537	705
19	郧西县	883	669	501	704
20	神农架林区	879	744	432	704
21	宜都市	902	639	487	699
22	崇阳县	857	577	606	698
23	襄州区	863	574	588	694
24	嘉鱼县	905	610	491	692
25	潜江市	898	497	608	691
26	浠水县	858	551	607	690
27	咸安区	860	550	602	690
28	秭归县	867	608	534	689
29	夷陵区	895	624	478	689
30	广水市	877	514	610	688
31	罗田县	899	611	482	688
32	郧阳区	848	610	547	686
33	洪湖市	885	588	517	685
34	石首市	883	611	496	685
35	安陆市	898	602	481	684
36	团风县	888	600	495	684
37	宜城市	890	627	464	684

续表

2021年排名	区县名称	美誉度	风险度	认同度	好感度
38	远安县	871	674	440	683
39	利川市	919	599	440	679
40	咸丰县	919	677	359	678
41	沙市区	945	706	288	676
42	来凤县	895	663	397	676
43	枣阳市	867	510	581	674
44	麻城市	889	544	517	674
45	云梦县	891	631	422	672
46	丹江口市	836	487	638	672
47	京山市	854	652	447	671
48	当阳市	883	609	441	668
49	监利市	839	473	637	668
50	竹溪县	880	621	424	666

在好感度分榜排行中，兴山县以766分位居榜首，2020年度则位居第二；英山县以756分名列第二；公安县排名第三，得分为743分。

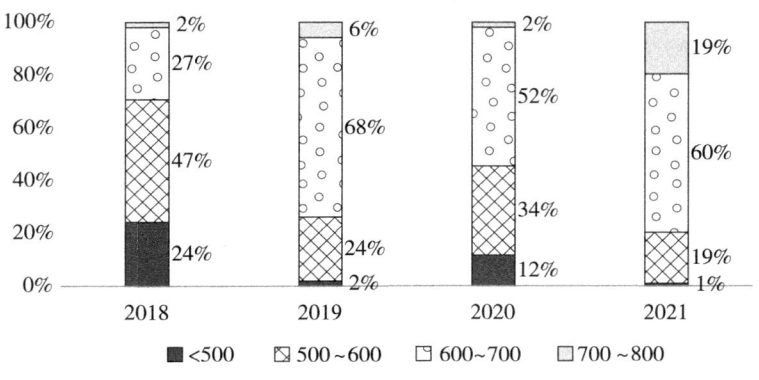

图5 好感度区间分布趋势

该分榜包含"美誉度""风险度""认同度"3个二级指标,依据媒体报道、网民评价、用户活跃、舆情风险等维度来计算。"美誉度"最高分是大冶市,得分956分;"风险度"最高分是神农架林区,得分744分;"认同度"最高分是南漳县,得分795分。

对比四年数据发现,湖北全省县(市、区)好感度在经历2020年度的"洼地"后,实现了"U"形回升。整体分布结构从2018年度的"金字塔形"结构变成了2021年度两头小、中间大的"纺锤形"结构,分布结构更趋健康。从2021年度得分来看,700分以上分段的县(市、区)共20个,较2018年度增长18个,占比从2%提升至19%;600~699分段的县(市、区)共62个,较2018年度增长34个,占比从27%提升至60%;600分以下分段的县(市、区)共21个,较2018年度减少52个,占比从71%降至20%。

二、县域政务融合传播的特点

纵观数据发现,经过四年的发展,全省各县(市、区)政务融合传播效能大幅提升,从起步建设期逐渐进入稳步发展期。分别抽取三大分榜的核心指标进行对比,总发文数方面,2021年度各县(市、区)全样本的发文总数超220万条,较2018年度增长91%;总阅读量方面,2021年度各县(市、区)总阅读量达8.42亿人次,较2018年度增长151%;总点赞量方面,2021年度各县(市、区)总点赞量超1700万,较2018年度增长255%。

(一)第二类县(市、区)的政务融合传播势头良好;中心城区的政务融合传播发展难突破

依据2020年湖北省经济和信息化厅公布的县域经济考核办法,湖北省从经济发展、质量效益、生态环境等维度,对103个县级行政区中的79个县(市、区)分三类进行考核,县域经济发展情况好的为一类县(市、区),未列入三种类型的县(市、区)有24个,基本都是所在地市的中心城区以及神农架林区。

总体来看,第二类县(市、区)推进政务融合传播发展势头良好。全省第二类县(市、区)共27个,2021年度有22个入围总榜前五十强,占二类县(市、

图 6　年度各类总数对比

区）的 82%；2018—2021 年度均进入总榜排名前五十强的有 9 个，分别是广水市、赤壁市、枣阳市、钟祥市、武穴市、谷城县、崇阳县、蕲春县和阳新县。

全省第三类县（市、区）共 31 个，2021 年度有 16 个入围总榜前五十强，占三类县（市、区）的 52%；2018—2021 年度均进入总榜排名前五十强的有 8 个，分别为南漳县、竹山县、房县、保康县、丹江口市、秭归县、罗田县和郧西县。

全省第一类县（市、区）共有 21 个，2021 年度有 10 个入围总榜前五十强，占一类县（市、区）的 48%；2018—2021 年度均进入总榜排名前五十强的有 7 个，分别为大冶市、夷陵区、枝江市、仙桃市、潜江市、蔡甸区、天门市。

通过对全省县域的宣传机构设置进行调研可知，作为县域政务传播的主力军，第二、三类县（市、区）的县级融媒体中心多是在本县广播电视台、报社和政府官网等基础上整合各类资源而成，充分运用其"在地性"优势，进行内容生产，满足公众的本土信息服务需求，因此取得了良好的传播成效。

从排名来看，未列入三类县（市、区）的中心城区没有连续四年入围前五十强的县（市、区），2021 年度仅武汉市东西湖区入围前五十强。中心城区整体表现靠后，分析其原因，很大程度在于中心城区的日常政务宣传主要依靠本地市级报社和广电媒体机构，区融媒体中心自身的采编力量相对薄弱，综合运营经验不足，同时，中心城区的公众在获取信息上有着更多的渠道选择，综合起来，导致其政务融合传播效果有限。

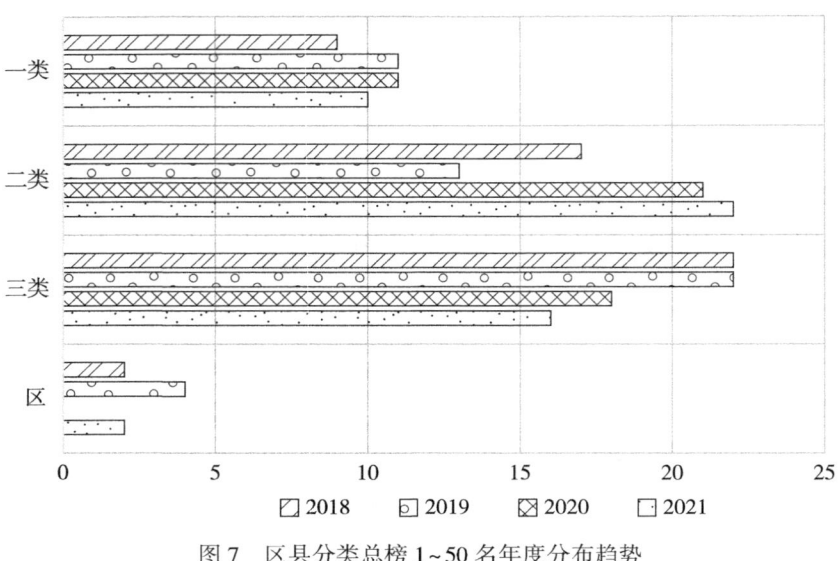

图 7 区县分类总榜 1~50 名年度分布趋势

（二）鄂西北、江汉平原县（市、区）政务融合传播趋势向好，鄂东北、鄂东南相对平稳，鄂西南逐年下降

省内县域政务融合传播存在着地域发展不平衡的现象。依据湖北省人文地理对省内各县（市、区）的分区，省内鄂西北、江汉平原区域的县（市、区）政务融合传播发展较好。从 2021 年度总榜单看，全省入围前五十强的县（市、区）中，鄂西北占比 28%，江汉平原占比 24%，鄂东南占比 24%，鄂东北占比 14%，鄂西南占比 10%。

2021 年度排名显示，鄂西北有 14 个县（市、区）入围总榜前五十强，较 2018 年度增长 5 个；江汉平原有 12 个县（市、区）入围前五十强，较 2018 年度增长 3 个；鄂东北有 7 个县（市、区）入围前五十强，与 2018 年度持平；鄂东南有 12 个县（市、区）入围前五十强，与 2018 年度持平。鄂西南区域县（市、区）政务传播整体效能呈现滑落趋势，2018 年度有 13 个县（市、区）入围前五十强，2021 年度仅 5 个县（市、区）入围前五十强。

图 8　2021 年度区域方位指数排名

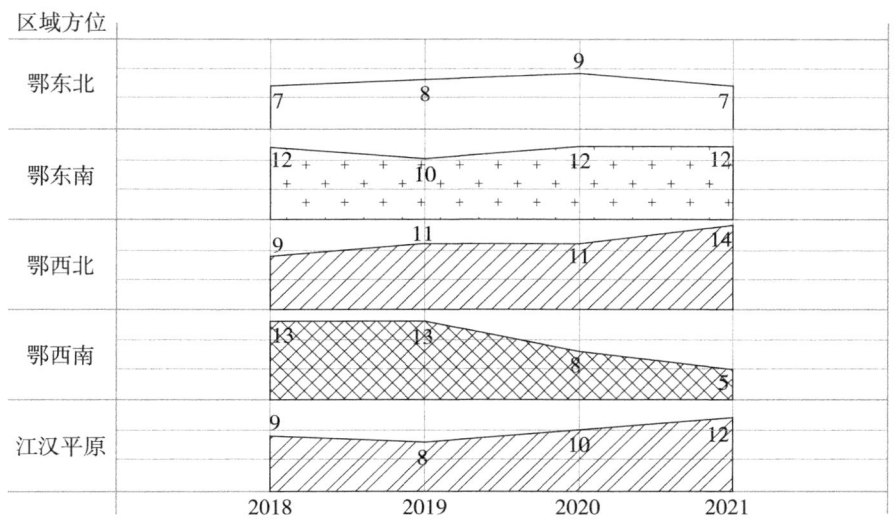

图 9　区域方位总榜 1~50 名年度分布趋势

（三）县域政务融合传播矩阵基本形成，自主平台的引领作用有待加强

从数据看，全省85%的县（市、区）均已建成"网站+客户端+微博+微信+抖音"的全媒体传播矩阵，不断提升传播影响力。2018年年底国务院办公厅印发的《关于推进政务新媒体健康有序发展的意见》提出，对功能相近、用户关注度和利用率低的政务新媒体要清理整合，确属无力维护的要坚决关停。从四年的各类账号数据变化来看，2019—2021年，全省县（市、区）级政务双微关停了部分"僵尸"账号，逐渐告别"只建不管"的粗放式运营模式，走向精细化运营之路。

微博方面，2021年度正常运营的政务微博号共659个，较2018年度减少14%；总发文数达98.4万，较2018年度增长126%；总粉丝数超1059万，较2018年度增长185%；年度平均每个政务微博号年更1493条，运营天数超过300天的政务微博号有45个，占总账号数的7%。

微信方面，2021年度正常运营的微信公众号有1756个，较2018年度减少25%；总发文数达62.5万，平均每个政务微信号年更356条，较2018年度增长30%；全年总阅读数超4.2亿人次，较2018年度增长27%；有139个微信公众号运营天数超过300天，占总账号数的8%。

随着5G等技术的发展，抖音等短视频平台也逐渐成为政务传播的新阵地，因此2021年度指数新增了抖音政务号的数据采集。经统计，2021年度全省处于正常运营的县域政务抖音号共291个，总粉丝数2420万，视频总发布数共5.2万，平均每个政务抖音号年更178条，总点赞数超7770万。

自主可控的新媒体平台是党和政府参与基层治理、凝聚社会共识的重要抓手。随着近7年的建设和发展，长江云平台的"云上"系列客户端逐渐成为各县（市、区）政务传播的主平台、主渠道。2021年度，全省县（市、区）的"云上"系列客户端总发稿量超61万条，总阅读量超1.2亿人次。各县（市、区）客户端自上线以来累计安装数超600万，占全省常住人口总数的10%（根据第七次全国人口普查结果，湖北最新常住人口超5775万人）。总体来看，无论是建设成本还是用户获取，客户端相较于微博、微信和抖音政务号来说门槛更高，难度

更大，因此当前客户端的用户规模及影响力还有很大的发展空间，自主可控平台的引领作用还有待进一步加强。

（四）融媒内容爆款频出，紧扣宣传的主题主线，政务传播影响力持续增强

通过对全省县（市、区）政务传播内容进行分析发现，2021年度微信"10万+"爆款文章共83篇，较2018年度增长70篇；抖音点赞数超10万的短视频共111条；微博点赞数过万的博文共11条。

优质内容是传播之基。2021年，全省县（市、区）政务传播围绕"十四五"开局、庆祝中国共产党成立100周年、党史学习教育等重大主题精心策划，创新表达，融媒爆款频出。武昌区融媒体中心结合丰富的本土红色资源，推出长图作品《"100号！您有一份来自抚院街97号的快递！"》，阅读量突破10万+；英山县公安局巡特警大队官方抖音号发布的短视频《出门在外，一定要保护好自己，提高警惕，谨防被骗》，警官出镜自编自演酒吧最新诈骗套路，以最接地气的演绎轻松科普，点赞量近140万；枣阳市公安局官方微博发布的图文报道《枣阳公安以赛促学　点燃党史学习热情》，用口语化的表达拉近与网民间的距离，点赞数破万；云上南漳开展的建党100周年歌咏会线上展播、"党史微课堂"线上学习等系列活动，以"云课堂""随手学"等创新形式吸引了大量用户参与，活动期间日均启动人数超4.8万人次。

三、推进我省县域政务融合传播健康发展的建议

四年来，在党中央的统一指导和大力支持下，我省县域政务公开能力与政务融合传播建设水平已稳步提升。但站在"十四五"的新发展阶段，聚焦高质量发展要求，乡村振兴等国家重要战略给县域政务传播带来了新挑战。为推动我省县域政务融合传播健康可持续发展，更好地参与社会治理，特提供如下优化思路：

（一）进一步提升阵地意识，创新体制机制

2015年1月，习近平总书记在中央党校县委书记研修班学员座谈会上指出：

"在我们党的组织结构和国家政权结构中,县一级处在承上启下的关键环节,是发展经济、保障民生、维护稳定、促进国家长治久安的重要基础。"① 在厚重的百年党史中,宣传工作因党而生,因党而兴,是党的一项极其重要的工作。在深度媒介化的互联网时代,媒介的功能也被不断延展,传播已不仅仅是舆论宣传的需要,也成为基层社会治理的重要抓手。

针对当前省内县(市、区)政务融合传播发展存在的区域、行业间不平衡的现象,一方面,各县(市、区)要进一步提高阵地意识,深刻认识到县域政务融合传播肩负着巩固基层思想文化阵地和创新基层社会治理模式的重要使命,加强顶层设计与统筹规划,为县域政务融合传播发展提供更多的政策支持;另一方面,县级融媒体中心作为县域政务融合传播的主力军,要进一步加强体制保障和机制创新,在用人、薪酬、激励等方面打破传统,学习市场化互联网公司的优秀经验,加强队伍建设和人才培养,进一步激活人员的积极性。

(二)重视自主可控平台建设,进一步提升其运营能力

微博、微信、抖音等商业社交平台因为有社会资本和平台流量做支撑,对于账号运营者来说有利于降低建设成本,扩大传播影响力,但是以牺牲信息安全和自主可控为代价。作为自主可控平台,政务类移动客户端要注重差异化定位和发展,紧紧结合政务资源,优化民生服务,通过"融合传播+"的理念,从单纯的政务宣传向公共服务领域延伸,拓宽便民服务渠道,连接医疗、教育、交通、文旅等各项民生服务入口,实现智能传播、政务服务、政府数据公开、数字乡村建设等功能的有机融合。同时,深耕本土,"贴地飞行",通过满足公众的刚性需求来增加用户黏性,通过融合运营构建起更加合理可行的平台"造血机制",保持其健康可持续的发展活力。

(二)创新表达、鼓励原创,激活内容生产活力

内容是传播的"硬通货"。在县(市、区)基层,由于融合传播新型人才相

---

① 中共中央文献研究室. 十八大以来重要文献选编(中)[M]. 中央文献出版社,2016:319.

对紧缺，现有人员业务技能相对老化，导致内容生产能力不足，融合运营理念不够，最终造成传播力和影响力有限。因此，要重视内容生产创新，鼓励原创，在"准""新""微""快"上下工夫，加强精品生产意识，充分掌握利用好互联网大数据传播手段，通过图文、H5、VR+AR、短视频、网络直播等新型方式激活内容生产。各区县融媒体中心的专业人员作为内容生产主力军，要改变传统时政报道的表达方式，深入群众，精准定位本地受众需求，以更接地气、更网感的传播软化"硬新闻"，打造更多群众喜闻乐见的传播爆款，形成新的内容传播增长点与竞争优势，实现正能量与大流量的有机结合。

四、2021年度湖北省县域政务融合传播指数榜单说明

（一）数据采集来源和时间说明

根据中华人民共和国民政部全国行政区划信息，湖北地区总计103个县（市、区），其中包括4个省直辖县级行政单位（仙桃市、天门市、潜江市、神农架林区）。此次榜单采集了103个县（市、区）官方政府网站、微信、微博、抖音、官方政务客户端、报纸、电视、广播等多种媒介的多种指标数据。数据采集时间为2021年1月1日至2021年12月31日。

（二）数据指数排行榜的指标与维度说明

公开度指标，主要统计各县（市、区）政府官网、两微、抖音、官方政务客户端在统计时间内的新闻公开、政务公开、发文情况、原创情况以及信息公开基础建设程度的总和；影响度指标，统计的是各县（市、区）政府官网、两微、抖音、官方政务客户端在统计时间段内的阅读数、转发数、评论数的总和；好感度指标，依据美誉度、舆情风险度、受众认同度来计算，以长江云大数据中心日常监测上报的相关数据为重要参考。

整个指标体系共分4个层级展开，总指标体系由3个一级指标、10个二级指标、37个三级指标、81个四级指标构成。2021年的指标体系在第二至第四级指标维度上均进行了更新，新增了微博、抖音、客户端平台的粉丝数、安装数等维

度指标。不同指标被赋予不同权重，一级指标的公开度、影响度、好感度，其权重分别为 35%、30%、35%。

（三）数据计算原则和方法说明

考虑到各指标下，不同县域之间的影响力悬殊较大，计算指标时均采用了取 LN 的方法，以缩小最大值和最小值之间差距，消除数据间的极值差异，让后位者仍能看到上升空间。标准化到 1000 分的计算逻辑是：A 得分 8 分，B 得分 6 分，C 得分 4 分，那么标准化后 A 得分是 1000 分，B 得分是 1000×6/8＝750 分，C 得分是 1000×4/8＝500 分。

发布单位：湖北长江云新媒体集团

报告编审：朱昊　邓秀松

策划统筹：李小芳

报告撰写：湖北长江云新媒体集团大数据中心　朱莹　吴文越

数据分析：湖北长江云新媒体集团大数据中心　张佩　韦融玲

数据提供：湖北长江云新媒体集团大数据中心

2020年度湖北省县域政务融合传播指数分析报告

湖北长江云新媒体集团

近十年来，随着微博、微信等社交媒体的迅速发展，政务公开意识也在不断增强，政务新媒体矩阵逐渐成为政务公开、巩固壮大主流思想舆论和基层社会治理的有效抓手。互联网的发展同样推动了主流媒体的转型升级。2018年，习近平总书记在全国宣传思想工作会议上对扎实抓好县级融媒体中心建设提出明确要求，标志着新型主流舆论阵地建设全面下沉。舆论主阵地的转型下沉交融着政务新媒体建设，以县级融媒体中心为核心的基层政务融合传播格局逐渐形成。湖北长江云新媒体集团大数据中心在前两年的指数基础上，继续优化模型和算力，发布"2020年度湖北省县域政务融合传播指数"，旨在全面考察县级政务传播发展效能，总结融合传播经验，为湖北省各县级政府全面深化基层政务传播体系建设提供数据化的分析参考。

2020年度榜单仍以湖北省103个县（市、区）各类政务传播平台的融合传播情况作为考察对象，主要统计各县（市、区）政府官网、微信政务号、微博政务号、官方政务客户端、报纸、广播、电视等渠道的全样本数据，总指标体系由3个一级指标（公开度、影响度、好感度）、9个二级指标、26个三级指标、53个四级指标构成。

一、榜 单 情 况

（一）总榜

表1 总榜：2020年度湖北省县域政务融合传播指数总榜排行榜 前五十强

排名	区县名称	公开度	影响度	好感度	总分
1	竹山县	670	683	737	695
2	南漳县	749	660	628	682
3	公安县	624	733	679	678
4	秭归县	664	660	689	670
5	麻城市	627	698	683	669
6	房县	669	647	690	667
7	嘉鱼县	670	655	672	665
8	蕲春县	632	705	658	665
9	宜都市	713	624	654	664
10	夷陵区	664	632	686	659
11	大冶市	671	647	658	659
12	广水市	622	687	667	659
13	通山县	687	626	661	658
14	汉川市	589	696	692	657
15	浠水县	659	661	650	657
16	枣阳市	690	679	578	653
17	潜江市	726	660	555	652
19	枝江市	663	623	670	651
19	随县	677	637	633	650
20	宜城市	622	680	638	647

续表

排名	区县名称	公开度	影响度	好感度	总分
21	丹江口市	651	634	657	647
22	咸安区	650	650	638	646
23	蔡甸区	685	623	626	646
24	赤壁市	659	620	657	645
25	郧西县	667	581	691	644
26	罗田县	667	594	673	643
27	谷城县	646	620	657	640
28	利川市	650	645	622	640
29	老河口市	638	648	625	638
30	崇阳县	646	609	652	635
31	通城县	631	609	667	634
32	阳新县	657	632	608	634
33	沙洋县	585	646	671	632
34	仙桃市	742	632	500	631
35	大悟县	609	612	677	630
36	武穴市	654	597	637	629
37	天门市	677	644	554	629
38	保康县	617	599	676	628
39	洪湖市	637	611	628	625
40	安陆市	583	632	662	624
41	红安县	597	632	643	623
42	长阳土家族自治县	620	593	654	621
43	当阳市	632	601	626	619
44	松滋市	590	646	620	618
45	团风县	619	595	639	617
46	应城市	612	570	665	613

续表

排名	区县名称	公开度	影响度	好感度	总分
47	竹溪县	658	543	637	612
48	钟祥市	612	599	623	610
49	曾都区	631	603	592	610
50	远安县	636	567	622	608

总榜数据显示，在 2018 年度湖北县域政务融合传播指数排行榜总榜中位居榜首的竹山县，2020 年度以 695 分重回第一。身处鄂西北秦巴山区腹地的竹山县注重融合传播矩阵均衡发展，重视内容建设，连续三年稳居总榜排名前两名，两度拿到好感度分榜第一，在媒体关注、传播效果方面表现突出。南漳县、公安县以总分 682 分、678 分分列第二和第三，为此次总榜最亮眼的两匹"黑马"。榜单显示，近 3 年来，南漳县在影响度和公开度的排名持续明显上升，影响度近两年稳定全省第十，而公开度也从 2018 年度第 34 名跃至 2020 年度第 1 名。紧随其后的公安县，从前两年的中下位排名县一跃成为公开度、影响度、好感度均跻身前十的头部县。

纵观总榜三年数据，全省县域均未出现 800 分以上高分段县（市、区），600~700 分的中上位分段县（市、区）数量占比最大。在 2019 年度榜单中，600~700 分段的县（市、区）数占比高达 68.9%，2020 年度占比略有下降。总体数据显示，我省政务融合传播的上游空间仍然很大。

（二）分榜

表 2 分榜：2020 年度湖北省县域政务融合传播指数公开度排行榜 前五十强

排名	区县名称	信息公开基础建设程度	信息发布度	原创公开度	公开度
1	南漳县	704	904	531	749
2	仙桃市	793	818	489	742

续表

排名	区县名称	信息公开基础建设程度	信息发布度	原创公开度	公开度
3	潜江市	828	789	396	726
4	东西湖区	685	751	696	714
5	宜都市	672	815	591	713
6	枣阳市	703	846	351	690
7	通山县	599	841	555	687
8	蔡甸区	683	788	481	685
9	江陵县	624	783	582	679
10	天门市	759	745	378	677
11	随县	597	824	546	677
12	大冶市	588	866	446	671
13	竹山县	586	817	546	670
14	嘉鱼县	577	794	609	670
15	房县	616	813	485	669
16	罗田县	645	806	433	667
17	郧西县	620	787	521	667
18	黄州区	567	801	599	667
19	秭归县	628	796	471	664
20	夷陵区	688	842	260	664
21	枝江市	655	810	384	663
22	赤壁市	571	810	536	659
23	浠水县	586	761	602	659
24	竹溪县	667	776	405	658
25	阳新县	602	796	491	657
26	武穴市	680	760	391	654
27	丹江口市	631	745	503	651
28	咸安区	571	818	475	650
29	神农架林区	825	672	258	650

续表

排名	区县名称	信息公开基础建设程度	信息发布度	原创公开度	公开度
30	利川市	650	733	482	650
31	黄陂区	778	596	496	649
32	郧阳区	714	740	329	648
33	崇阳县	631	753	464	646
34	谷城县	585	829	400	646
35	江夏区	679	589	683	644
36	襄州区	545	841	439	642
37	老河口市	674	799	247	638
38	洪湖市	589	770	468	637
39	远安县	625	754	423	636
40	武昌区	707	621	515	634
41	当阳市	638	713	457	632
42	蕲春县	652	762	330	632
43	曾都区	542	748	576	631
44	通城县	567	760	501	631
45	孝昌县	627	757	386	631
46	麻城市	632	700	471	627
47	公安县	545	780	470	624
48	宜城市	557	816	365	622
49	广水市	519	796	483	622
50	长阳土家族自治县	622	744	366	620

在公开度分榜中，南漳县以749分高居榜首，仙桃市以742分跃居第二，潜江市以726分位居第三，另外，东西湖区、宜都市的得分也在700分以上。该分榜考察的是各县（市、区）政务公开的能力水平，包含"信息公开基础建设程度""信息发布度"以及"原创公开度"3个二级指标。数据显示，"信息公开基础建设程度"的最高分是潜江市，得分828分；"信息发布度"的最高分是南

漳县，得分904分；"原创公开度"的最高分是汉南区，得分943分。

对比公开度三年排行榜数据发现，尽管700分以上的高分段县（市、区）数占比逐年减少，但600~700分的中上位分段县（市、区）数增速明显，近两年占比均在54%以上，呈整体提升态势。二级指标"信息发布度"体现的是各县（市、区）政务信息发文量及发文频次。数据显示，自2018年以来，"信息发布度"呈整体上升趋势，700分以上的高分段增势明显，尤以700~800分的高分段县（市、区）数占比最大，近两年占比均在43%以上。由此可见，近两年全省县域各政务部门充分发挥信息发布平台作用，努力提升政务公开水平。

表3 分榜：2020年度湖北省县域政务融合传播指数影响度排行榜 前五十强

排名	区县名称	传播影响范围	传播影响峰值	传播互动度	影响度
1	公安县	787	651	697	733
2	蕲春县	784	680	632	705
3	麻城市	738	657	667	698
4	汉川市	750	704	640	696
5	广水市	687	543	720	687
6	竹山县	721	509	684	683
7	宜城市	655	571	729	680
8	枣阳市	758	465	648	679
9	浠水县	723	646	603	661
10	南漳县	753	481	607	660
11	潜江市	764	770	531	660
12	秭归县	710	589	625	660
13	恩施市	671	721	627	656
14	嘉鱼县	691	403	675	655
15	咸安区	691	547	631	650
16	老河口市	709	623	592	648
17	房县	723	656	569	647
18	大冶市	712	628	585	647

续表

排名	区县名称	传播影响范围	传播影响峰值	传播互动度	影响度
19	松滋市	743	611	556	646
20	沙洋县	815	595	487	646
21	利川市	706	763	559	645
22	天门市	713	610	583	644
23	随县	679	588	607	637
24	丹江口市	681	444	629	634
25	红安县	678	533	609	632
26	仙桃市	767	744	472	632
27	夷陵区	732	424	578	632
28	安陆市	758	455	545	632
29	阳新县	694	466	606	632
30	通山县	711	595	548	626
31	宜都市	691	486	588	624
32	黄梅县	684	745	537	624
33	枝江市	698	499	577	623
34	蔡甸区	683	688	549	623
35	谷城县	675	505	591	620
36	赤壁市	728	397	562	620
37	兴山县	677	431	596	616
38	大悟县	665	484	587	612
39	洪湖市	611	659	601	611
40	崇阳县	730	378	540	609
41	通城县	667	516	572	609
42	曾都区	619	656	577	603
43	当阳市	666	495	559	601
44	保康县	652	469	575	599
45	钟祥市	667	429	568	599
46	武穴市	677	578	521	597

续表

排名	区县名称	传播影响范围	传播影响峰值	传播互动度	影响度
47	团风县	698	384	539	595
48	罗田县	673	541	526	594
49	长阳土家族自治县	634	558	559	593
50	巴东县	679	650	494	592

在影响度分榜排行中，公安县以733分位居榜首，蕲春县以705分位居第二，麻城市以698分名列第三。影响度主要是考量各县（市、区）发布政务内容的传播影响力，该分榜包含的二级指标有"传播影响范围""传播影响峰值"及"传播互动度"，主要统计网民的阅读、转发、在看、评论等数据。数据显示，"传播影响范围"最高分是沙洋县，得分815分；"传播影响峰值"最高分是江岸区，得分776分；"传播互动度"最高分是宜城市，得分729分。

分析影响度三年数据发现，影响度整体呈缓慢上升趋势。从分值来看，县（市、区）占比最大的主要集中在600~700分中上位分段，近两年占比均在40%以上。但值得注意的是，2020年度影响度分榜中，分值低于400分的低分段县（市、区）数由原本的个位数增至今年的23个，占到全省的24.3%。可见，影响力头尾效应加剧，更多的县（市、区）仍处于爬坡阶段。

表4 分榜：2020年度湖北省县域政务融合传播指数好感度排行榜 前五十强

排名	区县名称	美誉度	风险度	认同度	好感度
1	竹山县	930	615	683	737
2	兴山县	925	630	600	706
3	汉川市	888	463	716	692
4	郧西县	913	693	522	691
5	房县	924	605	578	690
6	秭归县	934	515	635	689
7	夷陵区	930	587	577	686

续表

排名	区县名称	美誉度	风险度	认同度	好感度
8	麻城市	904	481	670	683
9	公安县	892	509	646	679
10	大悟县	906	552	599	677
11	保康县	901	595	567	676
12	罗田县	932	573	552	673
13	嘉鱼县	918	577	558	672
14	沙洋县	890	561	590	671
15	枝江市	941	610	511	670
16	广水市	881	430	684	667
17	通城县	892	484	634	667
18	应城市	916	614	515	665
19	安陆市	894	573	553	662
20	通山县	875	495	625	661
21	大冶市	915	451	622	658
22	蕲春县	876	458	643	658
23	谷城县	860	553	584	657
24	赤壁市	886	473	623	657
25	丹江口市	907	570	533	657
26	长阳土家族自治县	915	568	523	654
27	宜都市	928	507	558	654
28	崇阳县	908	583	512	652
29	浠水县	906	508	565	650
30	英山县	913	536	535	649
31	鹤峰县	908	663	437	646
32	红安县	858	454	623	643

续表

排名	区县名称	美誉度	风险度	认同度	好感度
33	宣恩县	892	538	528	640
34	团风县	885	607	479	639
35	咸安区	880	541	530	638
36	宜城市	860	480	590	638
37	竹溪县	905	645	430	637
38	武穴市	874	461	591	637
39	石首市	911	595	453	633
40	随县	910	543	492	633
41	五峰土家族自治县	891	532	505	629
42	襄州区	889	493	535	629
43	洪湖市	919	504	504	628
44	南漳县	848	513	549	628
45	蔡甸区	933	415	555	626
46	当阳市	888	548	488	626
47	老河口市	871	437	582	625
48	云梦县	923	557	450	624
49	钟祥市	891	475	534	623
50	利川市	907	479	517	622

在好感度分榜排行中，竹山县、兴山县得分均超过700分，位居前两名；汉川市排名第三，得分为692分。该分榜包含"美誉度""风险度""认同度"3个二级指标，依据媒体报道、网民评价、用户活跃度、舆情风险等维度来计算。"美誉度"指标的最高分是枝江市，得分941分；"风险度"指标的最高分是郧西县，得分693分；"认同度"指标的最高分是汉川市，得分716。

对比好感度三年数据发现，好感度分值整体呈缓慢上升趋势，如2018年度县（市、区）占比最大的主要集中在500~600分的中位分段，占比为46.6%；

2019年和2020年则集中在600~700分的中上位分段，近两年占比均在52%以上。在疫情影响下，二级指标"美誉度"指标呈现段位分数集中现象，900分以上的县（市、区）个数占比高达40.78%，而2018年该指标最高分不足800分。数据还显示，"美誉度"指标中武汉市下辖的行政区占到前五十强的22%，由此可见，在2020年，公众和媒体给武汉这个英雄城市以高度关注。

二、2020年度榜单的主要特点与趋势

2020年，全省县域政务融合传播快速发展，在推进政务公开、引导网络舆论、加强政民互动等方面发挥着重要作用，各县（市、区）政务融合传播矩阵已逐步成为提供公共服务，提升社会治理能力的重要窗口。

纵观榜单总体数据，湖北省县域政务融合传播整体呈现如下趋势和特征：

（一）中上段位县（市、区）数量攀升，各区县着重舆论引导的"四力"建设，政务服务水平大力提升

纵观三年度总榜及分榜，湖北省政务融合传播整体呈现平稳发展态势，600~700分的中上位分段的县（市、区）数占比最高，增幅明显。总榜中该分段近两年占比均在55%以上，公开度分榜中该分段近两年占比均在54%以上，影响度分榜中该分段近两年占比均在40%以上，好感度分榜中该分段近两年占比均在52%以上。

2020年，全省县域加强政务信息公开力度，加强政策解读，积极扩大公众参与。与前两年数据相比，2020年度全省县域政务融合传播的整体发文数、网民阅读数和点赞数均有所提升，如对比2019年，总发文数同比增长18.78%，总阅读数同比增长119%，总点赞数增长98.87%。微信"10万+"爆款文章数方面，2020年度全省县（市、区）级政务传播产生爆款文章135篇，相较2018年度的13篇同比增长938.46%，相较2019年同比增长150%。

政务融合传播能力在突发公共事件中彰显，着力回应民众关切。如2020年第一季度，媒体和网民的关注度均呈现最高值，"媒体报道"指标数据占到全年数据的38.97%，"网民评价"指标数据占到全年数据的51.4%。

在政务信息公开的同时，与此同时，各县（市、区）政务部门注重民生服务，在自有平台上纷纷开设各种便民服务功能。如宜都市利用"云上宜都"开通"生活保障品配送"平台实现无接触式配送、大冶市在"云上大冶"设置专区与市长热线打通收集群众建议等。整体可见，全省各县（市、区）政务传播平台已从信息公开向政务服务全面延伸。

（二）湖北省第二类县（市）政务融合传播的发展势头最强劲

依据湖北省县域经济考核办法，湖北省共计79个县（市、区）分三类考核。其中第一类县（市、区）21个，即国家和省重点开发区域所在市（区）20个以及宜昌市夷陵区，占总数的26.6%；第二类县（市）27个，即限制开发区域的国家农产品主产区所在县（市），占总数的34.2%；第三类县（市、区）31个，即限制开发区域的国家和省重点生态功能区所在县（市、区）28个，以及恩施市、远安县和鄂州梁子湖区，占总数的39.2%。

数据显示，在推进政务融合发展的进程中，湖北省第二类县（市）的发展势头最强劲。以进入总榜排名前五十强的县（市、区）占比为例，第一类县（市、区）三年来占比由16%上升到20%（三年里均进入总榜排名前五十强的第一类区县有夷陵区、大冶市、潜江市、枝江市、仙桃市、天门市）；第三类县（市、区）的占比略有下降，由44%下降到36%（三年里均进入总榜排名前五十强的第三类区县有竹山县、南漳县、秭归县、麻城市、房县、丹江口市、郧西县、罗田县、大悟县、保康县、红安县）；而第二类县（市）的占比则波动较大，由2018年的34%下降到2019年的26%，2020年度又上升到42%，整体增势最为明显（三年里均进入总榜排名前五十强的第二类区县有蕲春县、广水市、枣阳市、赤壁市、谷城县、崇阳县、阳新县、武穴市、当阳市）。

（三）区县级融媒体中心勇担舆论"主力军"，基层治理"抓手"效应逐步显现

三年来，各区县级融媒体中心不断整合传统县域的媒体机构职能，充分运用新媒体技术，逐步确立了其在基层传播体系中的主力军地位。发文数据显示，2020年，全省区县级融媒体中心发布微信推文88599篇，占全省区县级政务微信

总量的17.14%，微信发文量较2018年、2019年分别上涨3.05%和4.79%；同年，拥有官方微博的34个区县级融媒体中心在微博平台的发布量为37221篇，占全省区县级政务微博总量的5.77%，微博发布量较2018年、2019年分别上涨4.73%和3.44%；各区县级融媒体中心信息发布总量占县级融媒传播发布总量10.83%，较2019年上涨2.71%；2020年，全省县域产出"10万+"内容的微信政务号共44个，其中融媒体中心官方微信号16个，占比36.4%。

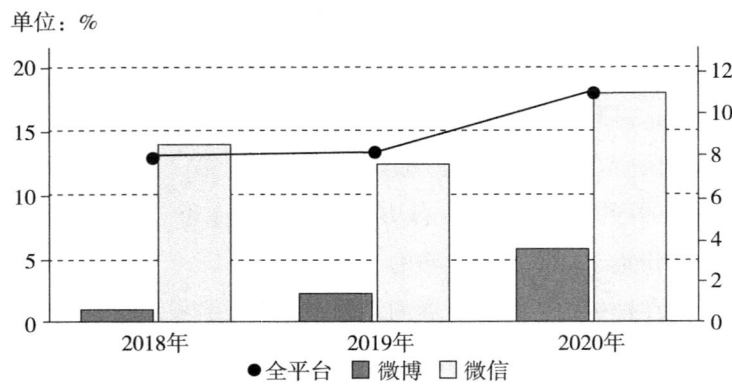

数据来源：长江云大数据中心

图1 近三年县级融媒体中心发文占比走势

全国"两会"和省"两会"练兵场上，房县、宜都市、南漳县等42个区县融媒体中心发布图文、音视频稿件及融媒体产品1036篇；脱贫攻坚战中，通城县、枣阳市、秭归县等37个区县融媒体中心共开设专题专栏58个，播发典型人物报道373篇。在数次大考中，区县级融媒体中心勇担基层舆论"主力军"，影响力持续增强，壮大了主流媒体阵地。

与此同时，区县级融媒体中心积极搭建基层民众参与公共事务的平台，完善自下而上的反馈渠道，逐步成为推动基层社会治理转型与提升治理能力的重要抓手。竹山县、房县等地的融媒体中心将"问政"板块对接当地政府网；鹤峰县融媒体中心将问政渠道对接湖北政务服务网；秭归县、宜都市等地的融媒体中心将"问政"板块对接12345公众诉求服务平台；秭归县融媒体中心在疫情期间共回复网民咨询1889人次；南漳县融媒体中心在2020年一季度共举办网络"媒体通气会"35次,40余家政务部门对网友提出的270多个问题进行公开答疑。

(四)注重传播形态创新,内容建设提质明显

优质内容是县域政务融合传播的核心竞争力。经过三年的融合发展,各县(市、区)政务新媒体产出的优质内容产品覆盖面逐步扩大。微博平台方面,2020年全省正常运营的区县级政务微博号共852个,74个区县级政务微博号运营天数达到300天及以上,全省103个县(市、区)均能做到更新间隔不超过2天,区县级政务微博原创率达42.97%,较2019年原创率提高11.43%。微信平台方面,2020年,潜江、大冶、郧阳等37个县(市、区)共44个微信政务号生产"10万+"爆款作品135篇,覆盖区县级融媒体中心、文旅、卫健、公检法等行业领域,相比2018年、2019年"10万+"作品主要来自宣传系统的情况,2020年优质内容的运营主体逐步增多,地域覆盖面扩大明显。

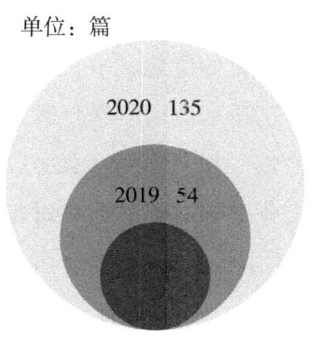

数据来源:大数据中心

图2 全省县级政务微信"10万+"数量

随着媒体融合的逐步推进,各县(市、区)政务新媒体作品的呈现形式也日趋多样。统计显示,2020年多达100个县(市、区)共生产了融媒体作品12632个,较2019年增长94.1%,其中,网络直播9056个,占比达71.7%;其次是一图读懂、漫画图说等创新图文1783个,占比为14.1%;短视频1350个,占比为10.7%;H5、VR等交互新媒体产品413个,占比3.3%,可视化内容已成为各县(市、区)政务融合传播吸引受众注意的"黑科技"。

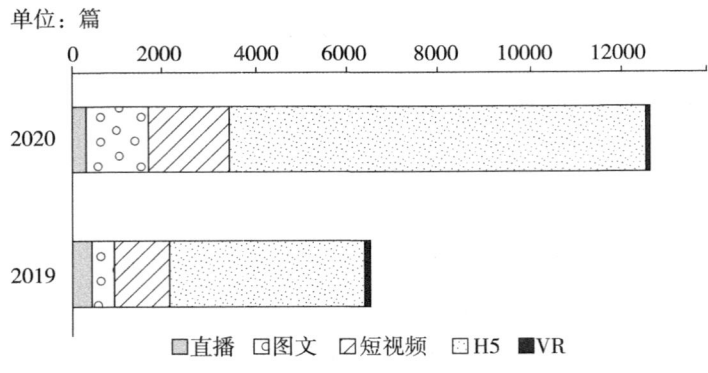

数据来源：长江云大数据中心

图3　近两年区县级政务传播方式占比情况

（五）平台互通资源共享，横纵交融彰显融媒合力

习近平总书记强调，要通过流程优化、平台再造，实现各种媒介资源、生产要素有效整合，实现信息内容、技术应用、平台终端、管理手段共融互通，催化融合质变，放大一体效能，打造一批具有强大影响力、竞争力的新型主流媒体。长江云始终坚定不移地走平台化融合之路，为全省媒体统一搭建移动采编体系和"云稿库"，组建"云上联合报道团队"，按照"一体化策划，全平台共振，立体化传播"理念，形成"多元采集、多样编辑、多种产品、多端分发"的省市县三级媒体融合新闻生产运作流程和常态化的信息协作联动机制，构建了资源集约、结构合理、差异发展、协同高效的全媒体传播体系。2020年，湖北各县（市、区）"云上系列"移动端逐渐成为各地党委政府主要的信息发布渠道，"云上系列"运营良好的县（市、区）在好感度分榜排名前50中占据43席；全年获得中央级媒体转载刊播38.7万篇（条），占央级媒体关注总量的60%，外宣整体呈井喷式爆发，平台资源的互通共享使得县级融媒体中心的传播力、影响力大幅提升。

此外，各县（市、区）融媒体平台也积极响应省级技术支撑平台组织的多维联动。2020年4月，长江云省级平台"搭把手 拉一把"助农公益行动中，蕲春县、罗田县、老河口市等 30 县县长联手央视主持人团队，持续 14 小时不间断直播为湖北农产品带货，央视频、湖北广电多个电视频道及全省多家县级融媒体平台共同宣推，中央省市县四级媒体的互联互通实现了传播效果的倍增效应。

三、2020 年度湖北省县域政务融合传播指数榜单说明

（一）数据采集来源和时间说明

根据中华人民共和国民政部全国行政区划信息，湖北地区总计 103 个县（市、区），其中包括 4 个省直辖县级行政单位（仙桃市、天门市、潜江市、神农架林区）。此次榜单采集了 103 个县（市、区）官方政府网站、微信、微博、官方政务客户端、报纸、电视、广播等多种媒介的多种指标数据。数据采集时间为 2020 年 1 月 1 日— 2020 年 12 月 31 日。

（二）数据指数排行榜的指标与维度说明

公开度指标，主要统计各县（市、区）政府官网、两微、官方政务客户端在统计时间内的新闻公开、政务公开、发文情况、原创情况以及信息公开基础建设程度的总和；影响度指标，统计的是各县（市、区）政府官网、两微、官方政务客户端在统计时间段内的阅读数、转发数、评论数的总和；好感度指标，依据美誉度、舆情风险度、受众认同度来计算，以长江云大数据中心日常监测上报的相关数据为重要参考。

整个指标体系共分 4 个层级展开，总指标体系由 3 个一级指标、9 个二级指标、26 个三级指标、53 个四级指标构成。2021 年的指标体系在第四级维度更加丰富，新增了客户端阅读量、微信"在看"量等维度指标。不同指标被赋予不同权重，一级指标的公开度、影响度、好感度，其权重分别为 35%、35%、30%。

（三）数据计算原则和方法说明

考虑到各指标下，不同县域之间的影响力悬殊较大，计算指标时均采用了取 LN 的方法，以缩小最大值和最小值之间的差距，消除数据间的极值差异，让后

位者仍能看到上升空间。标准化到1000分的计算逻辑是：A得分8分，B得分6分，C得分4分，那么标准化后A得分是1000分，B得分是$1000*6/8=750$分，C得分是$1000*4/8=500$分。

发布单位：湖北长江云新媒体集团
报告编审：朱昊　邓秀松
策划统筹：李小芳
报告撰写：湖北长江云新媒体集团大数据中心　伏添娜　吴文越
数据分析：湖北长江云新媒体集团大数据中心　张佩
数据提供：湖北长江云新媒体集团大数据中心

2019年度湖北省县域政务
融合传播指数分析报告

2018年8月21日,习近平总书记在全国宣传思想工作会议上发表重要讲话,指出"要扎实抓好县级融媒体中心建设,更好引导群众、服务群众"①,从国家战略层面提出了县级融媒体建设的发展方向。自此,全省县域积极推进县级融媒体中心建设,旨在将县级融媒体中心建成主流舆论阵地、综合服务平台和社区信息枢纽。湖北长江云新媒体集团大数据中心在"2018年度湖北省县域政务融合传播指数"的基础上,增加数据采集维度,优化算法和模型,发布了"2019年度湖北省县域政务融合传播指数"榜。

该榜单仍以湖北省103个县(市、区)各类政务传播平台的融合传播情况作为考察对象,主要统计各县(市、区)政府官网、两微、官方政务客户端、报纸、广播、电视等渠道的全样本数据,总指标体系由3个一级指标(公开度、影响度、好感度)、9个二级指标、25个三级指标、47个四级指标构成,力图对融媒体建设进程中区县级政务融合传播的传播效能和发展水平进行科学评估。

---

① 习近平. 论党的宣传思想工作 [M]. 中央文献出版社,2020:340.

一、榜单情况

（一）总榜

表1　总榜：2019年度湖北省县域政务融合传播指数排行榜 前五十强

排名	区县名称	公开度	影响度	好感度	总分
1	宜都市	786	687	703	726
2	竹山县	667	800	675	716
3	秭归县	715	722	677	706
4	夷陵区	682	708	686	692
5	长阳土家族自治县	727	647	704	692
6	钟祥市	665	738	658	689
7	麻城市	710	652	687	683
8	枝江市	714	657	673	682
9	大冶市	637	767	625	679
10	兴山县	685	641	714	678
11	洪山区	659	636	745	676
12	广水市	594	774	657	676
13	京山市	668	701	642	672
14	武昌区	735	602	669	669
15	赤壁市	666	688	647	668
16	当阳市	712	620	672	668
17	谷城县	625	693	684	667
18	建始县	711	670	610	666
19	郧西县	691	633	671	665
20	保康县	620	691	686	665
21	南漳县	651	707	630	664

续表

排名	区县名称	公开度	影响度	好感度	总分
22	罗田县	658	682	651	664
23	丹江口市	677	658	652	663
24	鹤峰县	654	671	660	662
25	随县	642	653	693	661
26	东西湖区	813	560	599	660
27	房县	666	664	645	659
28	五峰土家族自治县	669	611	700	658
29	咸安区	627	689	644	654
30	通山县	644	708	601	654
31	枣阳市	635	696	618	651
32	红安县	639	685	627	651
33	恩施市	612	712	620	649
34	崇阳县	624	681	640	649
35	阳新县	627	747	559	648
36	应城市	629	671	639	647
37	仙桃市	742	603	586	647
38	竹溪县	645	618	676	645
39	郧阳区	674	604	655	644
40	大悟县	601	700	623	642
41	远安县	712	554	662	642
42	蔡甸区	697	577	648	640
43	天门市	671	663	574	639
44	宣恩县	627	637	651	638
45	蕲春县	636	664	608	638
46	武穴市	645	628	627	634
47	江汉区	633	572	701	632
48	黄陂区	689	538	670	630
49	潜江市	640	632	616	630
50	襄州区	644	629	614	630

总榜数据显示，宜都市在所有县（市、区）中得分最高，在满分1000分的情况下获得726分，排名第一。相比2018年度数据，宜都市着力补齐短板，注重传播矩阵建设，成效显著。在2018年度湖北县域政务融合传播指数排行榜总榜中位居榜首的竹山县继续保持优势，在此年度以总分716分排名第二，2018年度总榜排名第26的秭归县以706分跃居第三。

此次榜单中前三强总分均超过700分，排名第五十强的襄州区总分为630分。但2019年度总榜仍未出现800分以上的高分段县（市、区），数据显示政务融合传播的上游空间仍然较大。

（二）分榜

表2　分榜：2019年度湖北省县域政务融合传播指数公开度排行榜 前五十强

排名	区县名称	信息公开基础建设程度	信息发布度	原创公开度	公开度
1	东西湖区	865	859	616	813
2	宜都市	951	795	360	786
3	仙桃市	795	876	410	742
4	武昌区	759	830	531	735
5	长阳土家族自治县	759	793	550	727
6	秭归县	742	745	604	715
7	枝江市	785	805	401	714
8	当阳市	757	752	539	712
9	远安县	700	769	657	712
10	建始县	837	760	322	711
11	麻城市	697	839	549	710
12	江陵县	671	788	663	705
13	硚口区	650	734	791	703
14	蔡甸区	708	815	493	697
15	监利县	674	785	609	694

续表

排名	区县名称	信息公开基础建设程度	信息发布度	原创公开度	公开度
16	郧西县	692	786	546	691
17	黄陂区	681	796	547	689
18	兴山县	743	807	357	685
19	夷陵区	751	836	280	682
20	青山区	679	789	528	682
21	江夏区	684	736	594	681
22	江岸区	711	719	543	680
23	洪湖市	671	773	556	679
24	丹江口市	643	795	584	677
25	荆州区	662	874	418	677
26	郧阳区	748	812	282	674
27	天门市	683	829	403	671
28	五峰土家族自治县	738	773	338	669
29	京山市	655	766	553	668
30	竹山县	652	687	672	667
31	赤壁市	650	789	522	666
32	房县	673	792	458	666
33	钟祥市	650	821	468	665
34	洪山区	695	719	478	659
35	罗田县	658	758	509	658
36	鹤峰县	677	759	437	654
37	黄州区	646	865	354	653
38	南漳县	656	843	353	651
39	新洲区	649	692	595	651
40	黄梅县	651	836	362	649
41	嘉鱼县	628	762	515	646
42	竹溪县	642	803	417	645

续表

排名	区县名称	信息公开基础建设程度	信息发布度	原创公开度	公开度
43	武穴市	680	701	475	645
44	通山县	646	791	421	644
45	襄州区	638	787	445	644
46	汉南区	630	612	723	643
47	随县	615	821	441	642
48	鄂城区	615	699	621	642
49	潜江市	698	742	340	640
50	石首市	666	775	368	639

（特别说明：年度榜单从 2019 年 1 月 1 日开始采集数据，监利县当时还未撤县设市）

在公开度分榜中，东西湖区以 813 分高居榜首，宜都市以 786 分跃居第二，仙桃市以 742 分排名第三，均属黑马。石首市以 639 分位于第五十强，排名与 2018 年度榜单一致。2018 年度公开度分榜中，得分在 600 分以上的县（市、区）个数 57 个，占比 55%，2019 年度 600 分以上的县（市、区）个数增加到 82 个，占比上升到 80%，增长显著。

该分榜的 3 个二级指标是"地方政务信息公开基础建设程度""信息发布度"以及"原创公开度"。数据显示，"原创公开度"原创指标的最高分是硚口区，791 分；"信息发布度"指标的最高分是仙桃市，876 分；"信息公开基础建设程度"指标得分最高的是宜都市，951 分，数据显示，宜都市的政务平台进行融合传播的布局，已基本形成矩阵。

表3　分榜：2019 年度湖北省县域政务融合传播指数影响度排行榜　前五十强

排名	区县名称	传播影响范围	传播影响峰值	传播互动度	影响度
1	竹山县	822	918	718	800
2	广水市	705	759	852	774

续表

排名	区县名称	传播影响范围	传播影响峰值	传播互动度	影响度
3	大冶市	805	800	712	767
4	阳新县	723	769	759	747
5	钟祥市	735	810	705	738
6	秭归县	724	742	711	722
7	恩施市	784	717	638	712
8	通山县	694	700	726	708
9	夷陵区	726	719	683	708
10	南漳县	684	777	695	707
11	京山市	654	761	717	701
12	大悟县	729	762	640	700
13	枣阳市	682	756	680	696
14	谷城县	689	682	704	693
15	保康县	661	706	713	691
16	咸安区	650	732	706	689
17	赤壁市	709	708	657	688
18	宜都市	687	614	723	687
19	红安县	714	595	701	685
20	罗田县	684	739	650	682
21	崇阳县	670	757	654	681
22	安陆市	709	774	606	681
23	应城市	719	736	591	671
24	鹤峰县	698	755	602	671
25	建始县	699	740	605	670
26	利川市	707	706	613	669
27	房县	711	687	606	664

续表

排名	区县名称	传播影响范围	传播影响峰值	传播互动度	影响度
28	蕲春县	727	576	645	664
29	天门市	634	766	641	663
30	丹江口市	665	770	596	658
31	枝江市	690	684	611	657
32	来凤县	697	662	613	656
33	随县	628	883	563	653
34	孝昌县	604	735	659	652
35	麻城市	707	912	466	652
36	长阳土家族自治县	665	814	544	647
37	汉川市	646	786	564	641
38	兴山县	632	793	573	641
39	通城县	592	602	708	641
40	宣恩县	648	651	619	637
41	洪山区	609	840	560	636
42	郧西县	675	607	604	633
43	巴东县	670	618	604	633
44	潜江市	690	634	575	632
45	襄州区	602	746	597	629
46	武穴市	665	656	577	628
47	咸丰县	637	682	585	625
48	当阳市	638	709	556	620
49	竹溪县	617	775	540	618
50	五峰土家族自治县	637	722	529	611

在影响度分榜排行中，竹山县以 800 分位居榜首，广水市以 774 分位居第二，大冶市以 767 分名列第三。与 2018 年度影响度分榜对比分析发现，当时影

响度分榜得分在600分以上的县（市、区）48个，占比47%，2019年度增至55个，占比也增长到53%。

该分榜包含3个二级指标，分别是"传播影响范围""传播影响峰值"和"传播互动度"。"传播影响范围"下的"阅读数""转发数""访客数"等统计数据集中体现各地区各部门发布的信息内容被接受的程度。数据显示，"传播影响范围"指标的最高分是竹山县，得分822分；"传播影响峰值"指标的最高分也是竹山县，得分918分，该指标多体现内容的爆款情况；"传播互动度"最高得分是广水市，得分852分，该指标多体现网民的活跃性。

表4 分榜：2019年度湖北省县域政务融合传播指数好感度排行榜 前五十强

排名	城市	美誉度	风险度	认同度	好感度
1	洪山区	949	573	769	745
2	兴山县	923	713	506	714
3	长阳土家族自治县	904	675	541	704
4	宜都市	952	710	445	703
5	江汉区	945	593	602	701
6	五峰土家族自治县	915	702	483	700
7	随县	906	667	514	693
8	荆州区	899	631	568	693
9	宜城市	916	640	535	691
10	麻城市	889	579	631	687
11	夷陵区	949	682	430	686
12	保康县	910	633	531	686
13	谷城县	906	663	489	684
14	神农架	997	644	402	677
15	秭归县	915	627	505	677
16	安陆市	922	655	458	676
17	竹溪县	914	662	456	676
18	竹山县	911	622	511	675

续表

排名	城市	美誉度	风险度	认同度	好感度
19	下陆区	870	650	514	675
20	枝江市	919	686	410	673
21	当阳市	910	638	480	672
22	郧西县	905	615	512	671
23	襄城区	885	589	564	670
24	黄陂区	945	587	507	670
25	武昌区	974	547	528	669
26	点军区	903	707	378	667
27	江岸区	951	539	554	667
28	远安县	911	698	365	662
29	鹤峰县	904	598	500	660
30	青山区	949	598	451	659
31	来凤县	946	658	374	659
32	铁山区	891	677	402	659
33	钟祥市	904	543	567	658
34	广水市	892	541	576	657
35	咸丰县	932	654	380	655
36	石首市	891	616	471	655
37	郧阳区	925	633	414	655
38	丹江口市	924	587	466	652
39	罗田县	916	597	457	651
40	宣恩县	908	645	402	651
41	蔡甸区	953	589	421	648
42	赤壁市	928	602	425	647
43	房县	919	565	476	645
44	咸安区	902	602	444	644
45	京山市	911	547	500	642
46	西塞山区	839	571	534	640

续表

排名	城市	美誉度	风险度	认同度	好感度
47	崇阳县	900	627	397	640
48	应城市	949	568	422	639
49	张湾区	871	578	483	637
50	樊城区	886	578	451	632

在好感度分榜排行中，洪山区、兴山县、长阳土家族自治县、宜都市、江汉区、五峰土家族自治县六地的得分均超过700分，分列前六。洪山区排名第一，得分为745分。

榜中包含"美誉度""风险度""认同度"3个二级指标，着重考察传播平台在日常推送与信息服务中给公众和媒体的整体印象。数据显示，"认同度"指标的最高分是洪山区，得分769。"美誉度"指标的最高分是神农架林区，得分997，其中得分在900分以上的区县51个，占比达49%；湖北省拥有12个5A级风景区，其中有9个5A级风景区所在的区县入围好感度分榜前五十强；"美誉度"指标排名前十强中，武汉市所下辖行政区占到50%，可见湖北省文旅行业及省会城市给公众和媒体的整体印象良好。

二、2019年度榜单的主要特点与趋势

2019年度榜单主要指标维度与2018年度数据对比如表5所示。

表5　　　　　　　　　数 据 对 比

指标维度	2019年	2018年	同比增长
总发文数	1040559	1172546	-11.3%
总阅读数	2.75亿	3.35亿	-17.9%
总点赞数	3757183	4904197	-23.4%
总原创信息数	149020	128040	16.4%
媒体关注度	846043	313940	169.5%

根据中国互联网络信息中心最新统计数据,截至 2020 年 3 月,我国网民规模为 9.04 亿,其中在线政务服务用户规模达 6.94 亿,互联网普及率达 64.5%。与持续增长的网民规模和互联网普及率相比,湖北县(市、区)政务信息的公开程度和影响力还有提升的空间。

对比 2018 年度数据,2019 年度全省县域政务融合传播的整体发文数、网民阅读量和网民点赞量均有不同程度的下降,降幅最高的是点赞量,达 23.4%。内容原创度同比增长 16.4%,媒体关注度同比增长 169.5%,成为榜单最大的亮点。随着融合传播工作的逐渐深入,各政务部门提升政务公开的质量,重视政务信息的原创,同时,各级媒体对我省县域发展的关注度也有明显提升。

纵观榜单总体数据,我省县域政务融合传播整体呈现如下趋势和特征:

1. 中段位县(市、区)数量增多,政务融合传播力提档升级

2018 年度总榜单得分在 600 分以上的县(市、区)数有 45 个,占比达 44%,在 2019 年度总榜榜单数据中,得分在 600 分以上的县(市、区)增至 74 个,占比达 72%,区县数量和占比增长明显;在公开度分榜中,当时得分在 600 分以上的县(市、区)由 2018 年的 57 个增长到 2019 年的 82 个,占比由 55% 增长到 80%,政务公开程度明显上升;在影响度分榜中,得分在 600 分以上的县(市、区)由 2018 年的 48 个增长到 55 个,占比也由 47% 增长到 53%;在好感度分榜中,得分在 600 分以上的县(市、区)由 2018 年度的 30 个增长到 2019 年的 76 个,占比由 2018 年度的 29% 提高到 73%,增速迅猛,可见公众和媒体关注度是显著上升。武汉市凭借省会城市的优势,发展迅速,在 2018 年度总榜中,下辖行政区入围前五十强的仅 3 个辖区,而 2019 年度总榜中入围前五十强的增至 6 个辖区,依次是江汉区、武昌区、洪山区、东西湖区、黄陂区和蔡甸区。各辖区在分榜中表现可圈可点,其中东西湖区为公开度分榜第一名,洪山区为好感度分榜第一名。

总体来看,2019 年全省县域在政务公开、政民交互、融合运营方面均有明显提升,政务融合传播整体能力在整体上有提档升级。

2. 政务融合发展区域性特征明显

根据湖北省统计局2019年统计年鉴数据,湖北省103个县级行政区中常住人口在百万以上的有9个,分别是洪山区、武昌区、天门市、仙桃市、汉川市、监利市、钟祥市、黄陂区、枣阳市;县(市、区)地区生产总值排在前九的是江夏区、黄陂区、新洲区、仙桃市、潜江市、襄州区、枣阳市、大冶、宜都市。从政务融合传播发展来看,与人口、经济并没有表现出明显的正相关,但呈现出较鲜明的区域化发展特点。

总榜排名中的前九强区县是宜都市、竹山县、秭归县、夷陵区、长阳土家族自治县、钟祥市、麻城市、枝江市、大冶市,前九强中有5个为宜昌下辖区县。总榜排名前五十强中,十堰市下辖8个区县,其中6个入围前五十强,占比达75%;宜昌市下辖13个区县,其中9个入围前五十强,占比达69%。十堰和宜昌两地入围总榜前五十强的区县数最多,两地占据前五十强的30%。

3. 政务信息发布总量下降,微信平台降幅最大

梳理2019年度各县(市、区)政务渠道开设和运营情况,政务客户端运营的综合值只有26%的区县在500分以上。微博渠道,郧阳区、枝江市、仙桃市、武昌区四地开设的政务微博数量最多,均超过30个,但从全省来看,全域政务微博开通总数不足10个的区县占比达77%。微信渠道,仙桃市、宜都市、枝江市、长阳土家族自治县、当阳市、蔡甸区六地开设的政务微信号最多,均超过40个,但从全省来看,全域政务微信开通总数不足15个的区县占比达61%。在政务信息传播中,渠道和内容缺一不可,渠道越丰富,运营能力越强,发布总量也会相应增加,辐射的人群越多,传播影响力也会越大。

2019年度,各县(市、区)政务部门信息发布总量位居前六强的依次是武昌区、荆州区、仙桃市、东西湖区、黄州区、郧阳区,这些县(市、区)的发布总量均破2万,其中前三强均破3万,武昌区以43727篇的发布量位居榜首。发布量排名提升幅度最大的是荆州区和红安县,相比2018年度数据,发布量均首次破万。整体上看,2019年发布量破万的区县38个,相较2018年同比下降24%。各平台的发布量也有所下降,其中微信平台的发布量降幅最大,达

15.17%，与此相对应的，微信平台的"在看"（点赞）总数相比 2018 年同比下降 28.3%。

4. 补齐运营"短板"，政务微博运营能力明显提升

2019 年的数据显示，各县（市、区）运营能力明显增强，补齐运营"短板"，提升运营效率，在微博的运营上表现明显。

与发布量的同比下降形成对比的是，2019 年度县（市、区）发布内容的原创度同比 2018 年增长 16.4%。排名前十的分别是东西湖区、荆州区、硚口区、随县、仙桃市、武昌区、竹山县、江夏区、江陵县、江岸区。以上区县的原创信息数均在 2700 篇以上，其中东西湖区 16023 篇，荆州区 11583 篇，硚口区 5304 篇，位居前三。以微信、微博平台为例，2018 年和 2019 年微信平台原创信息均在 2 万篇左右，总数基本持平；2018 年度微博平台原创信息为 10 万篇，而 2019 年度总篇数突破 12 万，总数同比增长 20%。

2018 年度榜单显示，政务"两微"开通率高但运营两极分化。以微博为例，全年最高转发数低于 50 条的区县有 54 个，占比达 52%，但在 2019 年，微博全年最高转发数低于 50 条的区县减少为 16 个。从体现用户好感度的微博"点赞"数来看，"点赞"总数较 2018 年同比增长 62.4%。由此可见，两极分化的现象在逐渐缩小，各政务部门越来越重视更具开放性的微博平台，着力打造自己在公共领域的传播力和影响力，政务公开的理念在实际工作中得到体现。

5. 到达率和互动率有所减弱，缺少政务大号的引领

通过对阅读数、点赞数、访客数等指标维度的对比分析可见，政务信息的到达率和互动率相比 2018 年度均有所减弱。

2019 年总阅读数相较 2018 年同比下降 17.9%，总阅读数排名前十强的县（市、区）依次是红安县、钟祥市、利川市、当阳市、麻城市、荆州区、长阳土家族自治县、黄梅县、南漳县、竹山县；2019 年度总点赞数排名前十强的县（市、区）依次是红安县、洪山区、麻城市、钟祥市、荆州区、西塞山区、武昌区、长阳土家族自治县、武穴市、江汉区，总点赞数相较 2018 年也有所下降，同比下降 23.4%。"传播互动度"指标下的微信总评论数排名前十强的县（市、区）依次是潜江市、武穴市、荆州区、麻城市、监利县、南漳县、红安县、宜都市、钟祥市、利川市。

2019年度榜单的数据显示，榜单中微信篇均阅读数不足500次的区县占比为50%，微信篇均"在看"（点赞）不足5次的区县占比达46%；微博篇均转发数不足1次的区县占比达88%，微博篇均点赞不足1次的区县占比达79%；各区县虽然都开通了政府官方网站，但官网访客数全年不足100人次的区县占比达45%。

从单账号来看，2019年度微信平台点赞量前十强账号依次是"法治红安""全景西塞""今日竹山""江汉之声""麻城党员""枝江发布""新江陵""最红安""竹山新闻""保康检察"，红安县占了2个，前十强中70%的账号归属当地宣传系统，其运营主体为当地宣传部或县级融媒体中心；2019年度微博平台点赞量前十强中，"公检法"系统的政务号获得的点赞数最高，占比达80%，它们分别是"平安武昌""随县检察""东西湖发布""京山检察院""青春麻城""正义广水""正义下陆""平安江岸""平安江汉""平安房县"。从整体的到达率和互动率数据来看，缺少政务大号的引领，政务号的影响力仍有较大的提升空间。

6. 行业系统差距明显，宣传和公检法系统"集群"效应彰显

数据显示，融合传播系统里以"发布""警务""青春"等命名的政务大号与林业、审计等相对与公众生活不够紧密的职能部门政务号相比，在发布量及关注度上呈现出显著差异。

103个县（市、区）中，微博单账号粉丝过3万的政务号有20个，观察其运营主体，其中公检法系统占比65%，"发布"类（运营主体为当地宣传部或县级融媒体中心）政务号占比20%；微信年度阅读数在200万以上的政务号共有22个，其中"发布"类的政务号占比77%，公检法系统的政务号占比9%；爆款方面，17篇"10万+"最高阅读数的微信文章来自13个不同区县，其中"发布"类政务号占比54%，公检法系统政务号占比23%，行业之间呈现出明显差异，宣传系统及强民生系统呈现出较强的行业矩阵效应。

表6　　　　　　　　　部分"10万+"爆款文章

微信政务号	所属区县	文章标题	发布时间
硒都发布	恩施市	谁是你心中的最佳扶贫干部？为他投票！	2019/9/27
平安汉川	汉川市	关于公开征集李杰兵、李海兵团伙涉嫌黑恶犯罪案件线索公告	2019/6/28
今日竹山	竹山县	竹山出品，央视历时1年匠心打造，5分钟唯美大片来啦！	2019/8/27
武汉临空港	东西湖区	选谁？选谁？东西湖区第三届道德模范推评，喊你来投票~	2019/8/21
枝江发布	枝江市	枝江"十佳十差"基层单位公开投票开始啦！	2019/1/4
秀美浠水	浠水县	我爱你，中国	2019/10/1
大冶发布	大冶市	你选出优秀，我曝光最差！大冶市"十优十差"评议票选活动来啦~	2019/8/9
平安仙桃	仙桃市	你心中"最美警营"是什么样的？快来投票吧	2019/1/14
秭归发布	秭归县	刚刚！县长杨勇向全球推介秭归！	2019/1/9
襄州青年	襄州区	湖北省襄阳市，因吃猪肉感染H7N9死亡？	2019/7/17

三、推进我省县域政务传播平台健康发展的建议

长江云大数据中心通过对榜单数据的多维分析，针对整体趋势和特点，就如何提升我省县域政务融合传播"四力"，提出以下建议：

1. 针对政务融合传播呈现出的区域性发展不平衡，需继续强化"网络已成为舆论引导和政务服务主阵地"的意识

尽管2019年全省县域融合传播能力出现了较大提升，但整体来看，全省县域政务账号的运营情况处在中低位爬升阶段。依法实施政府信息公开是人民政府密切联系群众、转变政风的内在要求，是建设现代政府，提高政府公信力，稳定市场预期，保障公众知情权、参与权、监督权的重要举措。互联网背景下的政府

职能部门，必须将信息公开、政务服务的主阵地转移到互联网上来，要加强传播手段和话语方式创新，更好引导群众、服务群众。

2. "建平台，抓内容、强服务"，全面提升舆论影响力

数据分析显示，政务新媒体平台"重开通、轻运营、无互动"的现象仍然较为普遍，政务信息内容缺乏可读性，服务缺乏实用性，导致诸多政务号"无人问津"。建议各县（市、区）规范政务平台建设标准，根据各平台的差异化特征进行专业化运营，整合一批功能相近、用户关注度和利用率低的账号，强化自身服务性，畅通留言互动渠道，建立常态化的互动交流机制，通过服务来增加黏性、带动传播，提升舆论影响力。

3. 加大"大号""矩阵"建设力度，快速增强舆论引导力

全媒体传播环境下，把握舆论的主导权至关重要。各新媒体政务平台已成为应对突发事件、进行舆论引导的重要工具，急需打造一批以"大号"为旗舰，建立起集信息发布、政务宣传、网络问政、便民服务于一体的政务融合传播矩阵，彰显"集群化"力量，实现同频共振，更快占领舆论高地。

四、2019年度湖北省县域政务融合传播指数榜单说明

（一）数据采集来源和时间说明

根据中华人民共和国民政部全国行政区划信息，湖北地区总计103个县（市、区），其中包括4个省直辖县级行政单位（仙桃市、天门市、潜江市、神农架林区）。此次榜单采集了103个县（市、区）官方政府网站、微信、微博、官方政务客户端、报纸、电视、广播等多种媒介的多种指标数据。数据采集时间为2019年1月1日—2019年12月31日。

（二）数据指数排行榜的指标与维度说明

公开度指标，主要统计各县（市、区）政府官网、两微、官方政务客户端在

统计时间内的新闻公开、政务公开、发文情况、原创情况以及信息公开基础建设程度的总和；影响度指标，统计的是各县（市、区）政府官网、两微、官方政务客户端在统计时间段内的阅读数、转发数、评论数、访问数的总和；好感度指标，依据受众认同、媒体关注、网民评价来计算，以长江云大数据中心日常监测报送的相关数据为重要参考。

该指标体系共分 4 个层级展开。总指标体系由 3 个一级指标、9 个二级指标、25 个三级指标、47 个四级指标构成。考虑到各指标在反映传播能力方面存在差异，因此不同指标被赋予不同权重，一级指标的公开度、影响度、好感度，其权重分别为 30%、40%、30%。

（三）数据计算原则和方法说明

考虑到各指标下，不同县域之间的影响力悬殊较大，计算指标时均采用了取 LN 的方法，以缩小最大值和最小值之间的差距，消除数据间的极值差异，让后位者仍能看到上升空间。标准化到 1000 分的计算逻辑是：A 得分 8 分，B 得分 6 分，C 得分 4 分，那么标准化后 A 得分是 1000 分，B 得分是 1000×6/8＝750 分，C 得分是 1000×4/8＝500 分。

发布单位：湖北长江云新媒体集团

报告编审：张建红　邓秀松

策划统筹：李小芳

报告撰写：湖北长江云新媒体集团大数据中心　伏添娜

数据分析：湖北长江云新媒体集团大数据中心　张佩

数据提供：湖北长江云新媒体集团大数据中心

　　　　　北京清博智能科技有限公司

2018年度湖北省县域政务融合传播指数分析报告

湖北长江云新媒体集团

党的十九大报告提出:"坚持正确舆论导向,高度重视传播手段建设和创新,提高新闻舆论传播力、引导力、影响力、公信力。"在中共中央政治局第十二次集体学习中,习近平总书记进一步要求:"加快推动媒体融合发展,打造新型传播平台,建成新型主流媒体,扩大主流价值影响力版图,让党的声音传得更开、传得更广、传得更深入。"① 湖北长江云大数据中心联合新榜首次发布"2018年度湖北省县域政务融合传播指数"。该指数对湖北省103个县(市、区)各类政务传播平台的融合传播力进行整体考察,通过大数据挖掘与分析,全面、客观和系统地呈现湖北省县域政务融合传播发展现状,为湖北省各县级政府提升政务融合传播效能,打造新型传播平台,建成新型主流媒体提供了相应的数据分析参考。

---

① 中共中央党史和文献研究院. 习近平关于网络强国论述摘编[M]. 中央文献出版社, 2021:13.

一、2018年度湖北省县域政务融合传播指数榜单

（一）总榜

表1　总榜：2018年度湖北省县域政务融合传播指数排行榜 前五十强

排名	区县名称	公开度	影响度	好感度	总分
1	竹山县	762.57	800.22	707.40	751.79
2	安陆市	685.40	819.97	695.74	729.91
3	天门市	741.80	701.36	705.50	715.15
4	夷陵区	795.10	754.50	611.04	709.30
5	阳新县	783.73	668.25	664.46	701.38
6	郧西县	750.08	719.20	651.13	701.23
7	大悟县	727.36	781.22	620.17	700.64
8	谷城县	792.63	717.22	618.01	700.16
9	大冶市	736.38	696.98	662.76	695.11
10	利川市	728.11	704.01	638.67	685.10
11	建始县	730.17	696.43	641.60	684.62
12	蕲春县	759.28	705.98	608.17	682.85
13	房县	734.07	663.81	646.04	677.78
14	京山县	740.58	664.90	636.79	676.36
15	钟祥市	782.77	724.86	557.39	675.24
16	潜江市	730.82	695.42	612.64	672.93
17	赤壁市	799.82	617.19	616.70	671.78
18	红安县	771.89	686.56	572.11	666.38
19	宣恩县	755.53	682.55	571.72	660.11
20	鹤峰县	658.94	724.81	605.92	657.49
21	保康县	666.34	615.77	679.26	656.34
22	恩施市	711.64	725.30	561.44	655.66

续表

排名	区县名称	公开度	影响度	好感度	总分
23	广水市	739.01	574.88	653.58	655.60
24	仙桃市	716.24	675.47	593.33	654.85
25	罗田县	712.84	648.56	602.04	649.24
26	秭归县	668.22	671.53	616.10	648.36
27	巴东县	707.51	679.18	571.07	644.44
28	神农架林区	688.97	585.40	653.09	643.55
29	枣阳市	693.14	613.81	625.79	642.40
30	孝昌县	624.67	717.08	578.05	633.75
31	枝江市	715.68	638.14	565.27	632.25
32	通城县	711.46	577.98	613.05	632.05
33	江夏区	635.89	617.49	622.19	624.89
34	丹江口市	634.35	637.98	606.00	624.10
35	崇阳县	672.66	631.66	576.84	622.03
36	武昌区	582.69	649.31	624.21	619.28
37	石首市	617.62	672.18	559.50	610.74
38	孝南区	583.53	719.12	548.72	610.29
39	兴山县	656.01	574.04	599.44	608.79
40	洪湖市	570.92	662.67	595.04	608.09
41	蔡甸区	566.27	638.70	610.02	605.50
42	嘉鱼县	686.19	515.76	602.50	601.59
43	浠水县	593.74	698.11	534.36	601.30
44	南漳县	663.72	641.03	524.31	601.15
45	武穴市	647.15	598.52	568.22	600.99
46	松滋市	580.13	664.84	559.79	597.41
47	当阳市	615.97	575.61	598.93	597.05
48	黄梅县	608.92	635.73	555.68	595.67
49	咸丰县	616.56	609.04	560.16	591.74
50	来凤县	651.35	619.54	521.35	589.81

（特别说明：年度榜单从 2018 年 1 月 1 日开始采集数据，京山县当时还未撤县设市）

总榜数据显示，排名前五十的县（市、区）中，排名第一的竹山县在满分1000分中获得751.79分，得分最高。排名第五十的来凤县得分589.81。总榜未出现高分段县（市、区），数据显示政务融合传播的上游空间较大。

根据2016年《关于完善县域经济工作考核的意见》湖北对县市区的划分，作为第三类县（市、区）的竹山县，这次弯道超车抢占榜首，数据显示其影响度、好感度两个一级指标的指数排名分别位居全省第二和第一；二级指标中的"传播情况"及"受众参与"也位居榜首。

（二）分榜

表2 分榜：2018年度湖北省县域政务融合传播指数好感度排行榜 前五十强

排名	区县名称	受众认可	受众参与	媒体关注	总分
1	竹山县	657.20	826.06	690.05	707.40
2	天门市	701.39	704.79	708.26	705.50
3	安陆市	803.09	708.17	626.36	695.74
4	保康县	750.93	535.14	693.91	679.26
5	阳新县	663.87	609.49	686.81	664.46
6	大冶市	652.40	589.79	698.16	662.76
7	广水市	713.22	512.40	674.28	653.58
8	神农架林区	645.44	462.88	733.77	653.09
9	郧西县	712.71	600.77	634.32	651.13
10	房县	674.89	536.49	672.55	646.04
11	建始县	665.44	621.38	635.38	641.60
12	利川市	630.20	555.63	676.96	638.67
13	京山县	598.34	585.12	680.53	636.79
14	枣阳市	636.90	582.31	636.51	625.79
15	武昌区	509.55	504.76	740.79	624.21
16	江夏区	523.12	535.13	716.45	622.19
17	大悟县	644.47	550.78	633.34	620.17

续表

排名	区县名称	受众认可	受众参与	媒体关注	总分
18	谷城县	705.42	580.85	580.43	618.01
19	赤壁市	628.68	543.89	638.65	616.70
20	秭归县	570.91	393.84	732.11	616.10
21	通城县	617.21	501.47	655.19	613.05
22	潜江市	636.26	554.53	621.70	612.64
23	江汉区	461.76	415.17	780.69	611.91
24	夷陵区	664.91	550.86	602.79	611.04
25	蔡甸区	526.48	489.47	708.36	610.02
26	蕲春县	636.02	731.35	542.20	608.17
27	丹江口市	546.94	526.49	673.24	606.00
28	鹤峰县	650.36	596.83	582.89	605.92
29	嘉鱼县	629.88	489.96	631.09	602.04
30	罗田县	651.03	572.01	584.66	602.04
31	兴山县	681.98	428.00	618.48	599.44
32	当阳市	517.79	450.25	707.09	598.93
33	江岸区	451.88	384.88	772.53	598.80
34	洪湖市	544.77	575.48	633.02	595.04
35	仙桃市	551.50	554.76	633.86	593.33
36	洪山区	449.85	424.08	727.11	583.33
37	孝昌县	544.84	615.59	582.96	578.05
38	崇阳县	541.72	570.66	600.39	576.84
39	东西湖区	415.48	478.53	707.93	574.31
40	黄州区	505.14	479.88	651.18	573.11
41	红安县	687.12	586.57	497.33	572.11
42	宣恩县	571.06	550.87	580.45	571.72
43	巴东县	526.58	464.92	640.23	571.07
44	武穴市	594.45	487.64	584.72	568.22
45	枝江市	487.26	427.13	667.32	565.27

续表

排名	区县名称	受众认可	受众参与	媒体关注	总分
46	麻城市	479.06	510.59	638.53	565.10
47	恩施市	480.60	554.10	612.89	561.44
48	咸丰县	498.76	488.96	625.47	560.16
49	松滋市	458.02	539.25	629.07	559.79
50	石首市	573.27	532.88	561.89	559.50

在好感度指标的分榜排行前五十强中，竹山县、天门市两地的得分均超过700分，分列前两位；得分在600分以上的县（市、区）有30个，占比60%。该分榜中包含"受众认可""受众参与""媒体关注"3个二级指标，着重考察政务两微一端在日常推送与服务中给公众和媒体留下的整体印象。数据显示，"受众认可"指标的最高分是安陆市，得分803.09；"受众参与"指标的最高分是竹山县，得分826.06；"媒体关注"指标的最高得分是江汉区，得分780.69；"媒体关注"指标排行的前十强中，武汉市的七个区均列其中，另外三个是神农架林区、秭归县和天门市。

表3 分榜：2018年度湖北省县域政务融合传播指数公开度排行榜 前五十强

排名	区县名称	公开情况	原创情况	总分
1	赤壁市	845.08	618.77	799.82
2	夷陵区	858.38	541.98	795.10
3	谷城县	886.55	416.96	792.63
4	阳新县	855.71	495.82	783.73
5	钟祥市	874.05	417.62	782.77
6	红安县	833.74	524.50	771.89
7	竹山县	843.80	437.63	762.57
8	蕲春县	819.88	516.87	759.28
9	宣恩县	814.80	518.47	755.53
10	郧西县	774.41	652.76	750.08

续表

排名	区县名称	公开情况	原创情况	总分
11	天门市	818.74	434.02	741.80
12	京山县	807.38	473.41	740.58
13	广水市	793.54	520.89	739.01
14	大冶市	785.27	540.81	736.38
15	房县	781.43	544.66	734.07
16	潜江市	762.55	603.89	730.82
17	建始县	814.04	394.71	730.17
18	利川市	789.81	481.32	728.11
19	大悟县	795.00	456.83	727.36
20	仙桃市	740.74	618.24	716.24
21	枝江市	786.61	431.98	715.68
22	罗田县	739.99	604.24	712.84
23	恩施市	754.50	540.20	711.64
24	通城县	769.42	479.61	711.46
25	巴东县	769.27	460.47	707.51
26	通山县	809.61	292.95	706.28
27	枣阳市	783.01	333.65	693.14
28	神农架林区	693.03	672.73	688.97
29	嘉鱼县	717.80	559.76	686.19
30	安陆市	744.68	448.29	685.40
31	崇阳县	719.63	484.78	672.66
32	秭归县	672.54	650.93	668.22
33	保康县	725.79	428.54	666.34
34	南漳县	722.20	429.78	663.72
35	应城市	698.21	519.33	662.52
36	鹤峰县	668.00	622.68	658.94
37	兴山县	689.81	520.80	656.01
38	来凤县	737.49	306.79	651.35

续表

排名	区县名称	公开情况	原创情况	总分
39	武穴市	680.68	513.06	647.15
40	汉川市	611.30	764.61	641.96
41	江陵县	630.45	666.70	637.70
42	江夏区	599.46	781.64	635.89
43	丹江口市	664.78	512.60	634.35
44	孝昌县	641.98	555.45	624.67
45	黄州区	664.18	454.77	622.30
46	云梦县	623.16	612.60	621.05
47	硚口区	580.87	781.11	620.92
48	竹溪县	649.56	504.70	620.59
49	长阳县	651.06	490.93	619.04
50	石首市	596.52	702.02	617.62

在公开度指标的分榜排行前五十强中，700分以上的县（市、区）有26个，最高分是赤壁市，得分799.82；排名第五十强石首市得分也有617.62。该分榜强调的是地方政务公开业务能力和政务融合传播的原创能力，包含有"公开情况""原创情况"两个二级指标。数据显示，"公开情况"指标中的最高分是谷城县，得分886.5；"原创情况"指标的最高分是江夏区，得分781.6。综合来看，赤壁市在公开度榜单排行中以799.82的得分位居榜首。

表4 分榜：2018年度湖北省县域政务融合传播指数影响度排行榜 前五十强

排名	区县名称	传播情况	爆款情况	总分
1	安陆市	824.19	803.12	819.97
2	竹山县	824.46	703.23	800.22
3	大悟县	796.73	719.20	781.22
4	夷陵区	727.77	861.42	754.50
5	恩施市	715.07	766.20	725.30

续表

排名	区县名称	传播情况	爆款情况	总分
6	钟祥市	712.61	773.87	724.86
7	鹤峰县	698.06	831.81	724.81
8	郧西县	710.59	753.64	719.20
9	孝南区	699.71	796.75	719.12
10	谷城县	714.79	726.93	717.22
11	孝昌县	693.75	810.38	717.08
12	蕲春县	720.67	647.20	705.98
13	利川市	726.96	612.18	704.01
14	天门市	697.15	718.23	701.36
15	浠水县	677.90	778.93	698.11
16	大冶市	712.72	634.05	696.98
17	建始县	712.42	632.45	696.43
18	潜江市	695.95	693.32	695.42
19	红安县	697.63	642.31	686.56
20	宣恩县	683.58	678.43	682.55
21	巴东县	688.35	642.49	679.18
22	仙桃市	680.36	655.93	675.47
23	荆州区	618.42	891.20	672.98
24	石首市	649.27	763.82	672.18
25	秭归县	601.70	950.84	671.53
26	阳新县	665.59	678.90	668.25
27	京山县	657.97	692.58	664.90
28	松滋市	640.85	760.79	664.84
29	房县	657.78	687.93	663.81
30	洪湖市	640.19	752.59	662.67
31	武昌区	561.64	1000.00	649.31
32	罗田县	630.26	721.74	648.56
33	南漳县	640.81	641.92	641.03

续表

排名	区县名称	传播情况	爆款情况	总分
34	蔡甸区	562.32	944.22	638.70
35	枝江市	645.35	609.30	638.14
36	丹江口市	622.66	699.25	637.98
37	黄梅县	613.57	724.36	635.73
38	崇阳县	637.95	606.50	631.66
39	郧阳区	585.95	754.65	619.69
40	来凤县	639.26	540.67	619.54
41	江夏区	605.34	666.09	617.49
42	赤壁市	640.61	523.55	617.19
43	保康县	566.77	811.74	615.77
44	枣阳市	620.67	586.38	613.81
45	新洲区	605.41	644.62	613.25
46	咸丰县	629.57	526.91	609.04
47	江陵县	555.88	808.28	606.36
48	麻城市	585.37	659.61	600.21
49	武穴市	597.20	603.81	598.52
50	竹溪县	566.18	716.16	596.18

在影响度指标的分榜排行前五十强中，安陆市、竹山县两地的得分均超过800分，分列前两位。该分榜包含的二级指标中有"传播情况""爆款情况"，其下的"最高阅读数""转发数"等统计数据最能体现各地区各部门发布的内容受公众喜爱的程度。数据显示，"传播情况"指标的最高分是竹山县，得分824.46；"爆款情况"指标的最高分是武昌区，得分为满分。以微信最高阅读数为例，达到"10万+"的县（市、区）有13个，超过"5万+"的有47个县（市、区）。

二、2018年度湖北省县域政务融合传播发展趋势及特点

长江云大数据中心通过对榜单数据进行多维度的深入对比分析，总结出了目前湖北省各县域政务融合传播的如下趋势与特点：

1. 非一类县市区积极探索政务融合传播 实现弯道超越

依据2016年的《关于完善县域经济工作考核的意见》进行的湖北县（市、区）划分，一类县市区22个、二类县市区27个、三类县市区31个，二三类所占比例为72.5%。在此次政务融合传播的总榜排名前五十强中，一类县（市、区）有10个，分别是天门市、夷陵区、大冶市、潜江市、仙桃市、枝江市、江夏区、武昌区、孝南区、蔡甸区；非国家和省重点开发区域所在的二三类县（市、区）个数分别为18个和22个，二三类县（市、区）的比例占到前五十强的80%，呈现出二三类县（市、区）在经济资源优势相对靠后的条件下，积极探索政务融合传播的路径且初显成效。

2. 凭借优质旅游资源 相关区县政务传播亮点多

在好感度分榜"媒体关注"指标体系中，湖北省16个县（市、区）正面报道总篇数不足500篇，但全年有6个县（市、区）的正面报道总篇数过万，其中神农架林区排名第5，同样，拥有三峡人家、三峡大坝两个5A级风景区的宜昌夷陵区，排名也入围前15强。

3. 两微一端开通率高 但运营状况两极分化

影响度分榜中，微信的整体运营情况相对较好。据统计，微信全年总阅读数过100万的县（市、区）有76个，微信全年发文总篇数低于1000篇的只有3个县（市、区），"爆款情况"中，微信全年最高阅读数超过10万的县（市、区）有13个，呈现齐头并进之势。

相比起来，微博的整体运营状况不佳。影响度分榜的"爆款情况"中，微博全年发文总篇数低于1000篇的县（市、区）有22个，占比达到21%；全年最高

转发数低于 50 条的县（市、区）有 54 个，占比高达 52%，网友对其所发内容关注度较低。

根据"阅读转评赞"等数据分析发现，官方政务两微一端的运营状况呈两极分化，部分职能部门在相关舆论场上有所缺位。如各县域基本建有自己的官方政务客户端，但其中 40 个县（市、区）的政务客户端疏于管理与维护，年度综合值排名得分均在 300 分以下。数据显示，36% 的县域在微博、官方政务客户端的运营服务上仍有较大发展空间。

4. 新媒体平台内容吸引力不够 用户参与热情偏低

好感度分榜中的"受众参与"数据显示，全省县域，微博全年总评论数过万的县（市、区）有 4 个，但全年总评论数在 500 条以下的县（市、区）有 58 个；微博全年总点赞数超过 1 万的县（市、区）有 5 个，但总点赞数在 500 个以下的县（市、区）有 41 个；微信全年总评论数超过 10 万条的县（市、区）有 6 个，但在 500 条以下的县（市、区）有 13 个。从整体上看，网友对于官方双微发布的政务信息内容参与度不强。

5. 互动交流渠道畅通不够"不互动无服务"现象普遍

在好感度分榜的"官网互动"数据中，72 个县（市、区）得分在 500 分以下，100 分以下的县（市、区）有 14 个。2018 年 6 月 20 日，湖北省政府办公厅曾对全省运行中的 798 家政府网站中的 639 家进行抽查，发现不合格网站 16 家，抽查结果显示，全省政府网站仍存在"信息更新不及时""空白栏目较多"等问题。通过此榜单的数据分析可见，"僵尸""睡眠""雷人雷语""不互动无服务"等现象仍然比较普遍。

三、2018 年度湖北省县域政务融合传播指数榜单说明

（一）数据采集来源和时间说明

根据中华人民共和国民政部全国行政区划信息，湖北地区总计 103 个县

(市、区），其中包括 4 个省直辖县级行政单位（仙桃市、天门市、潜江市、神农架林区）。此次榜单采集了 103 个县（市、区）官方政府网站、微信、微博、官方政务客户端、报纸、电视、广播等多种媒介的多种指标数据。数据采集时间为 2018 年 1 月 1 日—2018 年 12 月 31 日。

（二）数据指数排行榜的指标与维度说明

公开度指标，主要统计各县（市、区）政府官网、两微、官方政务客户端在统计时间内的新闻公开、政务公开、发文情况总和及原创情况总和；影响度指标，统计的是各县（市、区）政府官网、两微、官方政务客户端在统计时间内的总阅读数、平均阅读数及最高转发数、最高阅读数；好感度指标，依据受众认可、受众参与和媒体关注度来计算。

该指标体系共分四个层级展开。总指标体系由 3 个一级指标、7 个二级指标、22 个三级指标、38 个四级指标构成。考虑到各指标在反映传播能力方面存在差异，因此不同指标被赋予不同权重，一级指标的公开度、影响度、好感度，其权重分别为 30%、30%、40%。

（三）数据计算原则和方法说明

采集到的各县域官方政务双微账号中，2018 年未更新的部分账号未纳入本次排榜计算的范围。政务客户端也是以 2018 年全年度处于正常运行且内容保持持续更新的当地官方新闻政务移动客户端为计算范围。

考虑到各指标下，不同县域之间的影响力悬殊较大，计算指标时均采用了取 LN 的方法，以缩小最大值和最小值之间的差距，消除数据间的极值差异，让后位者仍能看到上升空间。标准化到 1000 分的计算逻辑是：A 得分 8 分，B 得分 6 分，C 得分 4 分，那么标准化后 A 得分是 1000 分，B 得分是 1000×6/8＝750 分，C 得分是 1000×4/8＝500 分。

发布单位：湖北长江云新媒体集团
报告编审：张建红　李鹏
策划统筹：李小芳

报告撰写：湖北长江云新媒体集团大数据中心　伏添娜
数据分析：湖北长江云新媒体集团大数据中心　伏添娜
数据提供：湖北长江云新媒体集团大数据中心
　　　　　上海新榜信息技术股份有限公司